由薄扶林出發——港大新生代50築夢方程式

鄧日朗、徐詠璇 編著

以這本書探索新生代的追夢旅程，是幾位七十年代港大校友陸觀豪、謝孝衍和邱達宏的心願。他們代表香港大學社會科學學院畢業同學資助這次出版計劃，要為新生代打開一扇窗。

大學，是匯聚人才的地方，是有框架的學習地方。讀大學，可以有機會浸沉、思考、嘗試、交朋友。但沒有入大學，或讀不完大學，也不是世界末日。今天，學習有許多途徑，畢業更不是終點。五花八門的網上課程，持續進修微證書，由香港以至全球的大學，教育、科技和職訓機構，就在你指尖。不斷進修、思考、充實自己，才是正途。

從任何地方都可以出發，不管從地球上的哪一個角落。

感恩港大，因為這兒孕育了夢，走過大門是大家共同的回憶。但香港大學是屬於香港的，屬於大家的，薄扶林也不是唯一的出發點。每一個學習機會、每一個場所機構，都可以藉以充實自己，交朋友。

結緣，可以在任何一個角落。

# 目錄 Contents

# 序章

## 由薄扶林出發

本書收錄 50 個故事，拼湊出一道新生代的風景，訴說無限可能，而他們恰巧都以薄扶林為出發點。

1911 年，香港成立了第一所大學；今天，這所位於薄扶林的香港大學，給了他們自信，給了他們基本裝備——但其實憑誰人都可以。

港大男子足球隊於 2021 年勇奪大專盃冠軍。

# 50個築夢方程式

50位年輕人細數追夢的心路歷程，分享了一些秘密。大家翻閱後一定能找到共鳴，驚覺有那麼多共通點，原來你也可以譜出自己的樂章——由薄扶林或上水或天水圍或山旮旯出發——

薄扶林只是出發點。

今天，台上有掌聲有榮耀有風光，繁花錦簇，可往後還有許多跌跌撞撞甚至頭崩額裂。今日記取的，是那份熱情、衝勁，靠的是有夢、有火、有初心、有後勁、有魄力！

讓世界看到自己。看到你的能量和夢，發光也發熱。

然後問：「咦，真的一定要唸大學？」

## 1. 不怕輸在起跑線

今時今日，大學畢業，就算是世界百大畢業，也算不上甚麼天之驕子了。但大學四年，無疑是探索、孵化、成長、自我了解、自我肯定的好時候。這裏，年青朋友學會尋覓。由哪兒出發其實不重要，不要相信「輸在起跑線／贏在起跑線」的老話！起點重要，但夠決心夠能量去築夢，不讓環境或任何人任何藉口壓垮你，才是關鍵。

熬過三年連專家們也無法預測的瘋狂疫情後，以為「元宇宙Metaverse」已經是新事物，區塊鏈、加密貨幣和 NFT 由熱熱鬧鬧到浮浮沉沉之際，竟又橫空殺出了 ChatGPT（聊天生成型預訓練變換模型），令全世界翻騰。ChatGPT 是繼互聯網和智能手機後的另一波科技革命。

這個由開發商 Open AI 推出的聊天機械人系統，推出才兩個月，全球用戶已超過一億人。你看，Instagram 用了兩年半，TikTok 花了九個月，才達到用戶破億的里程碑，ChatGPT 怎不是威力驚人？我們身處變幻莫測的時刻，在創科和智能科技的急速發展下，全世界也在急問如何運作，社會政治經濟科技天天在顛覆。所有基本假設都受考驗，或索性全被推翻。所以不要怕沒有機會，更不要計較得失。「塞翁失馬，焉知非福」，這老話可是真的。

你只要不放棄，繼續嘗試，條條大路通羅馬。

## 2. 抓住志氣、勇氣、銳氣

不要只跟隨父母要求你做的事。尋找你所愛，然後一往無前！

父母愛子女，他們的人生經驗也是好故事。但時代變了，不能再刻舟求劍，試着解釋給他們知道——最重要你要證明你知道自己要走的路，讓他們放心。（介紹他們看這本書吧！）

青年就業，有太多新模式。所有研究都證明，新生代畢業後，一生至少轉十種工作，換十項不同的工種！自媒體，KOL，由社交媒體衍生的各種賺錢方法，令「職業」的界定不能太「老餅」。

斜槓族 Slasher 崛起（以前叫自由身 Freelancer），定義更廣更濶，身份和專才不受限制，可以同時做行政管理、文案編輯、短片導演、旅遊博客、網上行銷、既作曲也送貨。Work From Home 或 Anywhere 和數碼牧民，人們隨時隨地都可以辦公。

這秒針　尚存在無限年後
其實早緊握於我手……
一秒能創出宇宙

《一秒拳王》電影主題曲《時間的初衷》——————

只要你找到你所愛，抓緊目標，你便能活出彩虹，英姿颯颯 —— 人人都可以是精英，從跳繩到劍擊，從藝文到科研，人人都可以是「世一」。老一輩說的「行行出狀元」，來到今天，科創、社創、文創，路是你行出來的。咬緊牙根不放棄，就一定能領軍未來，踏踏實實一磚一瓦的貢獻。都說年輕人是社會棟樑 —— 今天社會複雜多變最磨人，真的要許多棟樑才能撐得起呢。

## 3. 不必從一而終 但要找到真愛

唯有真愛，你才會燃燒，才會拼命。但尋覓真愛，也不簡單，要試、要努力、要思考。

VUCA 才是永恒 —— Volatile（動盪）、Uncertain（不定）、Complex（複雜）、Ambiguous（模糊）。三年新冠疫情令世界好像忽然停頓下來，由應變求存以至突然死亡。來到後疫情時代，頓見世情兇險日日變幻，全球化竟變撕裂化、區域化，晶片也可以成為地緣政治的角力戰場。

香港從來擁有無窮的生命力，混凝土的縫隙也能長出花朵來。唯有不斷吸收、觀察、聆聽 —— 學習、好奇、成長，終生都在學，奮勇向前，增進自己、改變自己。西方有「妖精模式」（Goblin Mode），意思是放縱、懶散、馬虎、貪婪，拒絕接受社會規範或期望。地球這邊有人談躺平，反抗反叛。Hea 或 Chill，偶爾放空無不可，但恬淡佛系以至愛上田園森林，絕對比放手放棄更有創意。

毋忘鞭策自己 —— 不要錯過青春。開頭或許會很累，很疑惑。但年青嘛，活力幹勁嘛，別浪費了每天破曉的朝陽！

## 4. 大膽跨出青春的虎度門

不要失去初心，也不要失去重心。創新，改變軌跡，孕育未來。Slasher 斜槓族，零工經濟大軍身兼數職，彈性就業。自由職業者，最有本錢本土創新，貢獻科研社創動力。年青人厭倦既有體制，不甘被定型。要製造更廣泛更自由的工作。

不要只着眼賺大錢的領域。

從前香港幾代人是以金融財經，為這個小島創造財富，讓我城一躍而成為國際大都會，這也是香港的歷史使命。今天，由大公司到中小企，都着意更扁平的權力架構（Power structure）。努力賺錢不再是唯一的生命意義，新生代也不想以買樓置業為唯一人生目標。Z 世代看重工作意義，Alpha 世代甚至鍾情 FIRE（Financial Independence, Retire Early）。共富，公義，平等，和平，與大眾分享物質財富，創造心靈富足 —— 全都是生命真諦。

世界很大，很多事情等着你做。不要忘記，單是香港，仍然有十萬劏房戶。全世界的貧窮、病苦、戰禍、氣候變化、全球持續發展……大大小小惱人議題在等待你解決，不能麻木！青春不是特權，也不是成就。跨出了青春的虎度門，世界就是無限。

## 5. 搏盡無悔

港大校訓取自中國古籍《大學》：「明德格物」——「大學之道，在明明德，在親民，在止於至善。」拉丁文是 *Sapientia et Virtus*，智慧與美德。

但同學們卻有第二個校訓，叫「搏盡無悔」。球場上，考場上，同學們叫破了嗓子，謹記——搏盡無悔！將來人生競技場上派得上用場。不會停止，每天渴求進步，付出自己，拼了！搏盡，才會無悔青春。不要輕言夢想卑微，只要勇敢去闖。困難，哼，是誘惑多於阻嚇。

職場正是修羅場。

## 6. 不要信「識人好過識字」

識「人」重要，因為你要結交夥伴，尋找知己，要知道天高地厚。但識「字」，有真材實料，在這瞬息萬變的知識型社會才能行走江湖。

拋名字，拉關係，只能走幾步捷徑，終究只是浮沙。別妒忌那些浮誇，急着攀爬，只顧嬉皮笑臉鑽空子的人。懂得「學」，懂得「問」，踏踏實實累積本事，才是王道。自學，也是很重要的發現。自學跳繩而當上「世一」，自學而當上名廚，自學藝術而成了藝術品拍賣官……

## 7. 真誠待人，交一生的好朋友

Name dropping，丟名字裝腔作勢欺世盜名，討厭！但真心交朋友，卻是生存和生活所必需。一起築夢、一起分享、一起熬夜、互相打氣、一起笑、一起沮喪。打開心扉，有親和力，就是贏了。和人相處、互相欣賞、建立互信、建立人脈，這些都要學。

不要只圍爐同溫層，也不要害怕爭議、爭拗、爭執。能坦誠的嘔心瀝血的激辯，不介意跟你據理力爭的，一定是忠肝義膽的好朋友。交友認清好人壞人，分辨益友損友，是大學問，一生受用。

不要錯過認識年長朋友的機會，要耐心分析他們走過的路，並以之作為借鑒。不要介意他們嘮嘮叨叨要和你分享多年沉澱的心得 —— 事實上很多前輩也珍惜和年輕人在一起的火花。他們可以是你的導師，你也可以向他們展示年青新世界，為他們導航。

做好人，抓住青春，敏銳清新也澎湃，發揮你本身獨有的影響力。

無論如何，要堅持善良，執着大愛，一路正直，燃點亮光。

當你真心渴望某件事情，
全宇宙都會聯合起來幫助你的。

《牧羊少年的神奇之旅》

2015 年 5 月，馬化騰在港大演講。

# 你太老了？

騰訊創辦人馬化騰 2015 年在香港大學 DreamCatchers 論壇上，拋下了這句話：「你甚麼都沒做錯，你只是太老了。」大家一個星期前覺得很傻又很無聊的產品，可能就在一個星期後風行熱賣，但在一個月後又可能被淘汰。

來到 2023 年，整個世界更不一樣了。

元宇宙、NFT、Bitcoin 升了又沉；ChatGPT 橫掃手軍，連科技猛人也要出來警告它過快膨脹，可以危險到毀滅文明。

通往成功的路上，一張名為「青春」的入場券，卻緊握在你手中。在這個世代，面對的競爭近乎殘酷。

要麼成為其他產業的顛覆者，要麼只能等待被顛覆。

約 20 年前，港大做了一個「影響力研究」（Impact study），出版了厚厚的一本書 Growing with Hong Kong – The University and Its Graduates – The First 90 Years（中譯：《與香港一起成長：港大九十年傳承故事》），記錄了近千位港大校友在各行各業各領風騷的故事，遍佈工程、法律、商管、財經、政治、醫學、建築、社福、環保、科研、教育及文化等範疇。原來他們都曾經是開荒牛、實踐者，闖天闖地背後是點點滴滴聚沙成塔，創建了上世紀六十、七十及八十年代騰飛香港的傳奇。

看他們叱吒風雲，可他們大多數都奮鬥了 20 年以上，一步一腳印，按部就班，才攀上那座高峰——累積了一定的人生經驗、人脈和資

本，才贏得社會地位，發揮影響力，成就傳奇經典，最終成為響噹噹的領軍人物。

來到 2023 年，年輕人通往成功的旅途，競爭大了，結果更不可預測。身處這個資訊爆炸的時代，要受注目，未必需要長時間累積，可能只花 20 天就能實現目標，過分快捷地締造傳奇。20 年前的年輕人，社會地位或許是「食物鏈」最低端，要靠別人挖掘你、篩選你、提拔你。但現在元宇宙，嘗試新事物的門檻低了，渠道多也廣，有別於過往的階梯式遞進，數碼世代的年輕人毋須再等待別人挖掘，亦未必需要他

人認可，隨時可一夜成名；當然，亦可忽然變天，一夜墜落。

不怕殘酷，甚至直面殘酷，這是香港的志氣吧。

許多行業也面臨顛覆。以往一件產品由研發、設計、生產，繼而推廣、銷售，整個過程需時往往以月或年計。現在的科技產品，隨便一個 NFT 項目，由創造、推銷到交易，可以在幾天內完成，而涉及的融資金額隨時是千萬或億元計。當然，2022 年加密幣崩圍，又再証明變幻仍是永恆。

# 元宇宙和 AI 時代的你，
# 不再是食物鏈最低端。

## 每個人都有被看見的機會

網絡時代讓每個人都有了「自我行銷」，甚至一鳴驚人的機會。你和我都可以為自己（或個人創作）設立專頁、網站、課程、Patreon、Podcast 等。如果你上載了一份作品卻沒有人留意到，就上載夠一百份到一百個平台吧，花不了多少錢，總有人會看到。

科技和教育的普及，降低了創造事業的門檻及成本，激發了更多人創業，令創業市場百花齊放。就算在大學甚至中學，不少就讀的學生早已擁有個人的 YouTube，Instagram 頻道，做網絡 KOL；要麼分享自己的信念，分享生活；要麼與志同道合的同學、教授或校友友人一同創業。要賺錢，要有收入，不難，更不必見工面試或找老闆。一個人營運的自媒體，可以憑 niche market 小眾市場，建立付費訂戶，也可以隨時有幾十萬以至千萬的追隨者，影響力不簡單，收入隨時高於傳統職業。當然，網紅也沒有甚麼大不了，不過是賺錢多了。最重要是有沒有為別人的生命帶來一點更好、一點改善，這才算可喜。斜槓族可以有更多空間去創新，回應社會急速步伐和點對點需要。

今天的你，「年輕」是一種光環。但年輕除了帶來光環，更多的是那種初生之犢的無畏。

## 從薄扶林出發，走向世界，天大地大

一個僅僅七百萬人的城市，有五所大學名列世界前一百名，這是個智慧高度集中的大都會。香港，肩負歷史使命。

新生代，有不甘平凡的志氣。有的不服膺體制，但有的卻誓要加入體制，近距離認識它的運作，投入改革，推動社會改變，優化下一個建制。也有加入科研大軍，浩浩蕩蕩打開新境界，深知事物的不確定性正是創新的動力和來源。推動數碼經濟，建設更平等更開放的世界，胸懷天下，高瞻遠矚。未來包括智慧城市、科創、社創、文創。

以靈活身段秉方智慧，憑國際視野衝出香港，遊走全世界。香港，不就是這樣走過來的嗎？

## 翻天覆地的 COVID-19

2023 年 5 月 6 日，世衛宣佈新冠疫情不再構成國際關注的突發公共衛生事件，讓歷時逾三年的疫情畫下句號。除了人命，疫情對經濟和教育的影響也是一去不返。封城封關下，數碼化和遙距辦公催生了數碼遊牧民族的新興工作模式。有了 Zoom 之後，以往的出國開會，如今變得奢侈；因為香港太方便，一直未能打入主流市場的外賣平台，也因這一場疫情變成生活必需品。

下一場像 COVID-19 規模的動盪將會於何時和以甚麼形式再捲土重來，難以預測，但不斷轉型和學習就一定是未來常態。

## 機器取代勞力，AI 取代腦力？

ChatGPT 是人工智能技術的一種突破性廣泛應用，通過模擬人類智能，進行自然語言處理和生成相關任務。根據世界經濟論壇《2023 年未來就業報告》，超過 75% 的公司計劃在未來五年採用 AI 技術，這將導致全球 2,600 萬個文書類職位消失。投資銀行高盛的經濟學家估計，全球可能有三億個全職工作會被 AI 取代，先進經濟體的就業市場將受到更大影響。

不過，AI 盛行也可創造其他新職位和提高生產力，包括 AI 及電腦學習專家、大數據專家、商業智能分析師，資訊安全專家等等。除了擔憂和恐懼，其實 AI 取代一些重覆和沉悶的工作未嘗不是一件好事。有一些行業長期面對人手不足的問題，例如安老、醫護、家庭服務等行業。除了為謀生而工作，人們可以尋找更有意義的事情來體現生命價值。

### 為青春喝采：一百萬的禮物

2015 年，港大 DreamCatchers 論壇以創新創業為主題，吸引了過千學生和校友參與，熱鬧非常，大家磨拳擦掌，論壇講者包括創立創投基金的前財政司司長梁錦松、騰訊創辦人馬化騰，以及近六十位科創，社企和社會創新的創辦人，興奮地撐年輕人追夢。

一星期後，校友朱裕倫（Stanley）突然向港大寄出一張 100 萬港元的支票：「DreamCatchers 論壇令我非常感動和鼓舞，遇到的都是才華洋溢信念強大的年輕人，我願捐出 100 萬元，支持他們！」

由薄扶林出發──港大新生代50築夢方程式

　　大學立即搞了 DreamCatchers 100K 創業種子基金比賽；又與科技園合辦香港首個醫療科技黑客松 (Hackathon) 等，多方面延續那澎湃的動力。兩年後，港大的「iDendron」創新創業中心揭幕，這基地正是眾多同學和畢業生初創的起點。

　　朱裕倫，上世紀八十年代的創業者，早年與另一位校友馮紹波及朋友梁家齊，聯合創辦了雅式集團，開拓媒介、廣告營銷及工商業展覽會的業務，是第一代把握改革開放時機北上創業的先行者。他們更創立了慈善基金支持教育和文化，被暱稱為「三劍俠」。

　　八年後，Stanley 聯同馮紹波及梁家齊，再向母校捐贈 1.5 億港元成立「同心基金數據科學研究院」，繼續投資在年輕人身上。

　　同學們，青春有價！

# 科創篇

## 為世界做一件具體的小事

我們可能正活在最好的年代，人類社會在過去數百年不斷以科學革新世界，令我們可以活到一百歲，在數小時內穿梭幾個國家，彈指間瀏覽全球資訊。人類文明每天都引頸以待下一個科技創新。這章訪問了幾位年輕科創家，他們都在各自的範疇內為世界貢獻了新技術、新方法，最重要是打開了新境界，延續數百年來以科學改變世界的精神。

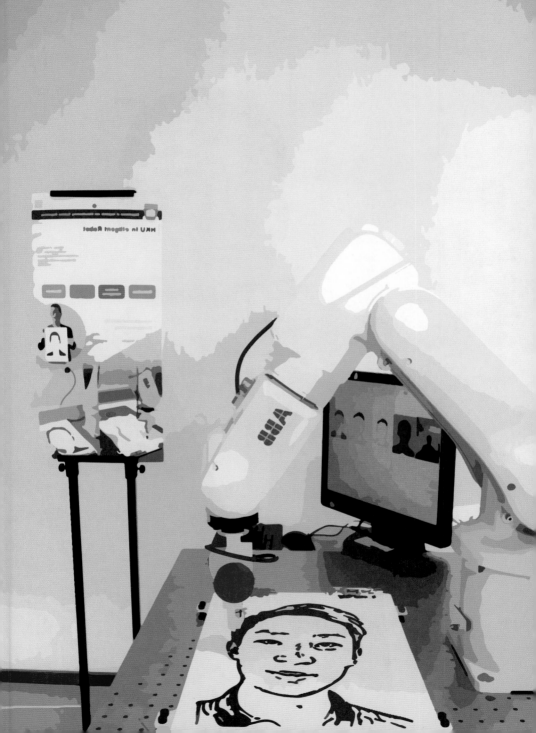

# 不讓世界落入黑暗的手中

## 「閃電俠」· 王雷

正浩 EcoFlow 創始人王雷於 2006 年在香港理工大學機械工程系本科畢業，期間連續四年拿下全額獎學金。2010年進入香港大學直接攻讀博士，研究新能源儲能電池技術；2014 年博士畢業後，他進入內地頂尖的無人機公司大疆（DJI）並建立大疆電池研發部，負責品牌全線產品的電池研發工作。2017 年，王雷創辦了 EcoFlow，專注研發移動儲能設備和清潔能源，公司估值逾 10 億美元，是本地新晉的獨角獸初創。

「創業是一個煉獄場。」王雷會警告年輕人「不要創業」，原來他是反其道而行：如果對方是會被勸退的人，本身也不適合創業；不會被勸退的，才有可能適合創業。「在首三年時間內，創業成功率是不到4%的，96%的公司在創業的三年內都會死掉，能活到五年的就更少，而能夠成為獨角獸的企業不到萬分之一。」

王雷的團隊不僅活下來，還成為萬分之一。短短數年間，王雷於2022年獲《財富》中國評選為40位40歲以下商界精英（40 Under 40）；而EcoFlow團隊開發的產品在2018年入選《福布斯》能源界別的30位30歲以下精英（30 Under 30 – Energy）、拿下了紅點設計大獎（Red Dot Design Award）、iF設計大獎（iF DESIGN AWARD）及創新中國Demo China全國總冠軍等多項榮譽，更曾打破日本Makuake眾籌平台史上最高募資紀錄。EcoFlow成立伊始就聚焦研發戶外電源和移動儲能的產品，結果只花了短短幾年，便成長為一隻估值超過10億美元的獨角獸。

光伏太陽能板和鋰電池近年生產成本大減，對專研電池和新能源技術的王雷而言，EcoFlow的成立可謂在對的時間遇上對的人。

# 興趣出發
# 精準定位

　　科技創新毫無疑問將主宰未來產業走向。王雷形容，現在是人類歷史上第三次能源範式轉變。第一次是從刀耕火種轉移到燃煤，第二次是由煤轉為石油和天然氣，而眼前的第三次則是從化石能源轉到新能源。「新能源的範式轉變，這是一個巨大的趨勢，是這個時代的召喚。過往由 2010 年到 2020 年這 10 年，光伏太陽能的價格降了 10 倍，新能源鋰電池的價格降了 10 倍；處身其中，這正是合適的時機。」

　　**「個人理念一直想着能夠通過科技改變普通人的生活，特別想直接為普通人帶來科技產品。」**

　　王雷在創業之初，就瞄準了個人和家庭用戶對電力的需求。選擇一個專業或者學習領域的時候，他從來都是從興趣和好奇心出發，而當初接觸蓄電技術亦是如此。從 17 歲開始，他的興趣一直都沒有改變過。

　　「這也是一個蠻幸運的事情。」王雷唸大學本科時對新能源很感興趣，追隨自己的興趣而選擇了這個研究方向，博士畢業後繼續從事有關儲能和新能源的業務，直至他創立 EcoFlow，也還在研究涉及新能源的產品。

　　返回王雷博士畢業前的一兩年，他已不斷思考未來的熱情在哪裏。「我們經常說，自己的研究有沒有真正的影響力呢？在實驗室裏做的東西，有些時候會距離（實際）應用比較遠。例如 2019 年諾貝爾化學獎頒發

給三位科學家，表彰他們為鋰離子電池發展所作的貢獻，其中一人 John Bannister Goodenough 當時已經 97 歲高齡了。然而，並不是每個科學家都能在有生之年看到自己的研究對世界產生了真正影響力。」

「大學和社會給了我很多資源，很多的培養，我特別希望就我所學的東西，學以致用。想要為這個世界的生態和可持續發展貢獻自己的力量——不管大還是小，讓整個生態更加可持續。所以當時是已經下定決心想入行試試。」他第一份工作是出任無人機企業大疆的創新電池研發部負責人，最終令大疆無人機的續航力提升了一倍。這份工作經驗教會他如何把科技帶到生活，之後再創立 EcoFlow。

# 耗時三年
# 完成閃充突破

「*不管我們有多大的雄心壯志，要助力新世界，助力未來，但是我們的落腳點一定要足夠的小，足夠的真實・足夠的具體，足夠的貼地，這是最核心的。*」

在王雷看來，如果以一個非常宏大的課題作為開端，卻沒法開展工作時，就必須把大課題分解為一些小課題，然後一個課題接一個課題去處理，最終再把這些東西合併，形成大圖景。

搞初創除了商業上的考量，王雷更希望透過技術研發為世界帶來改變，因此公司有近半職工都是研發人員。

　　一開始沒有團隊，沒有技術積累時，有甚麼呢？「只有一堆問題。」王雷笑言，把創業時的問題放到 Excel 裏，都拉不到底的。首先要探求原因，再去研修，接着進行反復試驗，不斷摸索、試錯、再來，下一個便會更好。他的專研精神是與生俱來的，在學期間，為了完成某個裝置的實驗，跑遍了香港的幾所大學，每天從港大跑到紅磡理大，再去九龍塘城大，然後還會跑到清水灣科大。

　　「我幾乎遇到了創業該遇到的所有問題，第一個問題就是發不了工資。」團隊創業不久就面臨考驗，王雷卻對此表示感謝：「過濾了一輪，留下來的人，都是最堅定且純粹的那幫人，三個人的核心團隊始終在一起。」

　　2017 年，公司的第一個辦公室面積約百多平方米，

晚上 8 時後大廈就會關冷氣。盛夏時太熱了，年輕的工程師們甚至會脫掉上半身衣服。隨着公司日益壯大，辦公室也愈來愈大。而在承租之前，王雷依然習慣了問業主：「可不可以有 24 小時的空調？」如今，他公司分佈全球的辦公室總面積超過 8,100 平方米。

王雷具有工匠的精神，堅持將最多時間投放到技術和產品上，目前全公司佔了接近 50% 都是研發人員，背後源於對技術面的執着。

*「如果錯得還不夠多，說明我們創新得還不夠深。」*

團隊最先攻克的便是閃充技術，耗時三年研發，王雷強調：「做難而正確的事情很重要。」2019 年公司正式推出了第一款流動電能站產品 DELTA，其閃充功率對比當時其他廠商的同級別產品高出 10 至 20 倍，一小時能夠充滿 80% 電；1.6 小時就完成充電。

後來，這款產品打破了眾籌網站 Kickstarter 科技類項目（Tech Project）的募資額紀錄，籌得逾 1,200 萬美元，入選美國《時代》雜誌 2021 年 100 項最佳發明（THE BEST INVENTIONS OF 2021），更同時在日本眾籌網站 Makuake 籌得 2.8 億日圓（約 1,691 萬港元），創下該網站歷史最高募款紀錄。

閃充技術為整個行業帶來了突破，EcoFlow 搖身一變成為業內的開創者，發生了翻天覆地的轉變。DELTA 產品大賣，不僅為公司爭取到十幾倍的收入增幅，王雷也獲電池儲能業界譽為「閃電俠」！

EcoFlow 旗下第一款流動電能站產品 DELTA，令王雷名利雙收。

# 從黃沙漫天
# 到視創業如遊戲

王雷小時候住在陝西榆林，那裏地處毛烏素沙漠邊緣，一片茫茫大漠。春天發生沙塵暴時，漫天黃沙，整個天空只有一片灰黃色，甚麼都看不見。那時不像現在可以戴護目鏡、面罩等，人們外出後回家，牙齒上、頭髮上都是沙子。老師有時會帶王雷等學生植樹造林，可能耳濡目染，令王雷從小就對環境保護有一份感知。

「我一直都很感恩，很幸運，有機會能得到很多的，包括學校老師的，社會的支持，回饋社會是非常自然、義無反顧的事。」王雷一直不忘飲水思源，總會把產品捐給深受天災所苦的人——無論是鄭州的洪水、美國德州的颱風還是日本地震，災民們都需要儲電設備。

2020 年初，EcoFlow 一度陷入岌岌可危的處境，但王雷依然毫不猶豫地將公司所有庫存產品捐給武漢方艙醫院，以解決因疫情而急增的醫療設備、通訊工具用電問題。除了呼吸機等搶救設備需要補充供電，移動供電設備亦為隨時需要救治的重症病人提供保障。在方艙醫院後勤部，王雷的產品為電腦、打印機、空氣淨化器和電動單車等提供能源。

「港大也給我非常好的環境」，王雷不僅獲得太古獎學金（Swire Scholarship），住在古色古香的港大柏立基學院，更經常有機會跟全球最頂尖的訪問學者，甚至是諾貝爾獎得主交流，聽對方分享做學術、做研究的心得，獲得很多啟發。而每個星期從柏立基學院走到

山頂，這段旅程為王雷的心靈充電，讓他更能沉下心來做研究，養成了一心一意、深入專攻的科研精神。

「這種習慣有極大極大的幫助，這份栽培會影響我一輩子的。」決定創辦 EcoFlow 前，王雷還專程回到柏立基學院向導師們請教，「受到鼓勵和支持，該去嘗試自己的夢想。」

王雷 17 歲之後便一直留在香港接受教育，他語帶激動地說：「香港給了我養分和國際的視野。」目前EcoFlow 的業務遍及全球百多個國家和市場，員工來自十幾個國家，對於香港的未來，他主張，不是站在香港看香港，也不是站在大灣區看大灣區，甚至不是站在

王雷（左四）在港大讀書時受到不少前輩、學者的啟發，令他在往後的創業路上減少一點疑惑，多添一點信心。

中國看中國，「當我們站在全球範圍來看香港和大灣區之於我們的價值時，我們會發現有非常強的優勢。」

「創業不是因為沒有工作而創業，創業是一個主動的選擇。」

王雷對於創業有獨到看法，他又以遊戲來比喻：「創業就是最激動人心的遊戲。」這個遊戲沒有固定地圖，也沒有任何限制，而他很喜歡、很享受創業後的這種狀態——每天的事情都在變化，新的人和新的事接踵而來。創業，不只是一個行動，而是一件持續的事情，甚至是一種 lifestyle！

新冠疫情爆發之初，王雷把公司全部庫存共 1,004 部流動電能站裝置捐給方艙醫院，只為報答社會。

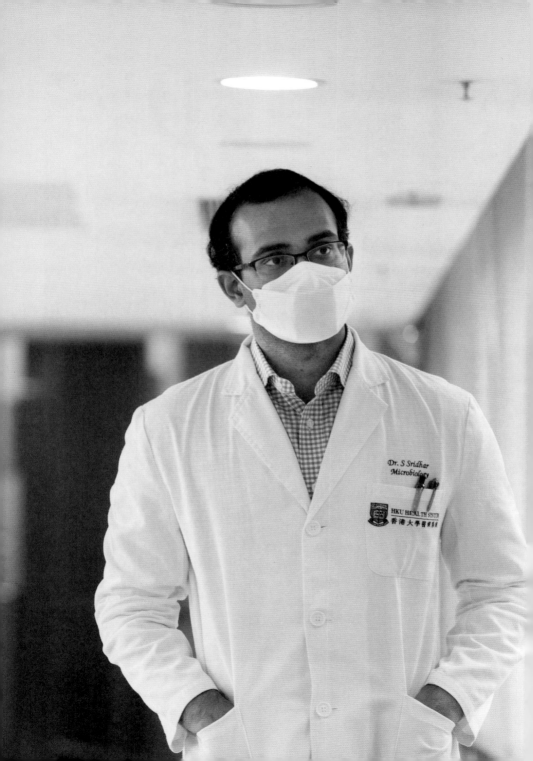

# 遊走於
# 微生物和
# 公眾之間

---

## 學者醫生 · 薛達

港大微生物學系臨床助理教授薛達（Siddharth
Sridhar，暱稱 Sid），15 歲時隨家人從印度來港定居，
其後考入港大醫學院；2010 年畢業後選擇向臨床研究領
域發展，希望透過研究造福更多病人。2017 年加入臨床
病毒學科，專注戊型肝炎研究，翌年發現全球首宗老鼠傳
人的戊型肝炎個案。

港大微生物學系臨床助理教授Sid 說得一口流利廣東話,很多人以為他是在港土生土長的少數族裔,其實他 15 歲時才跟隨父親來香港,入讀國際學校,其後考入香港大學醫學院。面試時醫學院的考官問到:「你不懂廣東話,如何在香港行醫?」他笑說:「當時真的不識死,以為醫學院五年時間很長,一定有足夠時間學會廣東話。」

就學時港大也有提供廣東話的課程,但由於頭兩年的醫科生課程都是英語上堂,變相沒有機會練習廣東話;到三年級時,醫科生要去醫院跟着教授看病人,上到病房見真章,Sid 才發覺自己的粵語水平不足,聽和講都跟不上。他記得同學為病人做檢查時,問題一個接一個,當去到第三、第四個問題時,他腦海中還在翻譯和處理第一條問題。頭兩三個月要跟上在病房的學習進度,十分辛苦。

在香港的公營醫療系統中工作,一定要懂得說廣東話。Sid 大嘆廣東話是全世界最難學的語言,但為了做醫生,唯有日日迫自己講和聽,找同學練習,終於慢慢上手了。

記得在明愛醫院當實習醫生的第一天,他經過輪候大堂走向自己的房間時,整個輪候大堂的病人都望着他。首位病人見到他就戰戰兢兢地問:「唔好意思呀,我唔識英文。可唔可以見另一位醫生呀?」Sid 笑說:「唔使擔心,我識講廣東話。你邊度唔舒服呀?」病人立時鬆了一口氣,放下心頭大石,Sid 就是這樣開始行醫生涯。

為了要在港行醫,Sid 讀書時必須苦練廣東話,英粵字典更是長伴左右。

# 暖男醫生
# 的眼淚

　　除了學好廣東話，「好奇心」和「反思」是他心中
做一個好醫生的兩大關鍵詞。

　　Sid 在瑪麗醫院行醫，成為臨床微生物及感染學的
專科醫生。相信很少人會找微生物及感染學的醫生求
診，因為大多數情況是患者在用藥後情況沒有改善，才
由主診醫生轉介的。「通常我會跟病人說自己是細菌科
的醫生，免得嚇到病人。我們微生物及感染學的醫生都
會持續跟進同一位病人，所以會跟病人及其家屬建立關
係。」他笑言，作為醫生，一定要有無限的好奇心去學
習新事物。

　　「無論你和病人關係有多好，如果不能幫病人
解決問題，就說不上是一個稱職的醫生。也要持續
進行思想反省訓練，反思每一個處理過的病案，錯
在哪裏？下次如何可以做得更好？」

　　Sid 很習慣自省，更坦承自己也有很多做錯的時候，
但始終沒有忘記作為醫生的初心——那是一種近乎膽怯
的心。他猶記得當新手醫生的頭一個星期，幾乎天天落
淚。「病人的病情、甚至生命交到我手上，我的判斷是
正確的嗎？我的治療方案是最好的嗎？」每日都在心中
翻來覆去閃過這樣的自我懷疑，壓力大到喘不過氣來。

　　說到底，Sid 是責任心很重的人。

過了頭三個月，他日漸建立起自信，面對病人時也更有把握了。其實 Sid 亦是個暖男醫生，離開了病房仍會惦記着病人的事，有些病人更長期跟他保持聯絡，甚至將他當作了家庭醫生。曾有位年約八旬患腦膜炎的婆婆來看診，Sid 不單治好了她，後來還與她的一家人成了朋友。

作為港大的教學醫院之一，瑪麗醫院提供了很多臨床的教學和研究機會。自 2014 年起，Sid 便接觸一些小規模的研究，也開啟了他在臨床研究領域的旅程。

他慢慢發現，醫生診治病人始終是一對一，幫助的人數有限。但如果能夠兼顧臨床研究和教學，就可以發現新的理論、方法、治療等等，讓更多人受益。2017 年，Sid 找到了自己的研究方向，就是戊型肝炎（Hepatitis E）。

# 戊型肝炎的探索者

說起肝炎，一般市民可能只會對乙型肝炎較熟悉，因為早在 1988 年起，本地新生嬰兒都需要接種乙型肝炎疫苗。惟對戊型肝炎則較為陌生，香港的戊型肝炎感染個案每年少於 100 宗。

Sid 憶述當時跟自己的導師、微生物學系教授袁國勇討論，說想向戊肝病毒的研究方向發展，袁教授提醒：「戊型肝炎在香港個案不多，死亡率也很低，甚少引發

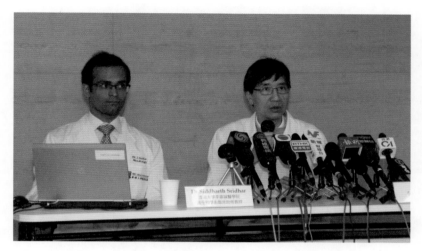

近年香港鼠患嚴重，Sid（左）和袁國勇教授（右）的團隊發現鼠傳人戊型肝炎，為社會防治老鼠播疫敲響警號。

可致命的急性肝衰竭，你考慮清楚沒有？」

　　港大微生物學系其中一個強項是呼吸道感染的病毒研究，Sid 大可以選擇相關的研究方向。最終他決定相信自己的臨床經驗和科學上的直覺，繼續向戊型肝炎病毒研究發展。

　　「雖然當時大家都不覺得這種病毒有太大威脅，但我的直覺是它對人類有不少潛在風險。」就在短短一年多後，Sid 在香港發現了全球首宗鼠傳人的戊型肝炎，研究結果更發表到知名學術期刊 *Emerging Infectious Diseases*。

　　在發現全球首宗鼠傳人的戊型肝炎的兩年後，Sid的團隊於 2021 年成功研發出針對大鼠戊型肝炎病毒的新測試和疫苗，為未來做好準備。

「如果當初沒有堅持研究戊型肝炎的話，很大機會到現在都不會發現戊型肝炎能由鼠傳人，也不會有後續的研究和發展。在大學做研究，可以容許多樣化，成就不同的優秀研究領域。不必凡事只從商業角度出發，也是大學難能可貴的地方。」

Sid 作為微生物學家，對病毒的看法卻是又愛又恨。「病毒和細菌也是自然界的一部分，都有權去生存。只不過是它們進入了人的身體，我們便要去研究去了解它，如何預防和治療。」

病毒與人類看似敵對，但科學家很多時都是很抽離地看這個議題。每當有新的病毒和病菌，他們本能看到的都是一些新的研究方向和問題。

# 堅守還是
# 迎接潮流？

新型冠狀病毒（COVID-19）疫情爆發後，Sid 作為處於職業生涯早段的研究人員，也面對一個兩難的情況。醫學界研究者對這種未知但快速傳播的病毒趨之若鶩，紛紛改變研究方向轉攻新冠。「我的專長研究是戊型肝炎。眼見很多研究員和科學家看見 COVID-19 的緊急情況，都會將自己的研究重心和方向轉向新型冠狀病毒。我也希望出一分力。」

COVID-19 的緊急情況，也令相關研究人員更容易

獲得資金，以及登上學術期刊的機會。作為科學家，一方面要保持研究的初心和專注，不受短線情況影響。另一方面也不能只留在象牙塔，應要回應社會和世界問題，讓研究成果轉化，令世界變得更美好。

在港大微生物學系中，有很多研究員一早已經專注冠狀病毒，包括沙士、中東呼吸道綜合症（MERS）等的研究，但專注研究戊型肝炎的就只有 Sid，他不做就沒有其他人做。思量一番，他最後決定堅守原來的研究方向，繼續鑽研肝炎病毒。

時至今天，Sid 沒有後悔當初的決定。學術期刊《科學》（*Science*）的一項報道指出，過去兩年與新冠肺炎相關的學術論文出現爆發性增長，共有超過 50 萬份之多。COVID-19 的研究熱潮同時令很多其他需要關注的傳染病被忽略。也有證據顯示，從其他領域轉換研究重心至新冠病毒的學者，往往做不出優秀的研究。急急忙忙改研究一些原本不熟悉的範疇，其實變相是另一種資源錯配。當然，很多 COVID-19 的研究改變了對其他傳染病的理解；而有一些新的研究方法也可以應用在 Sid 的肝炎研究上。

Sid 拿着學生送給自己的肝炎病毒毛公仔，提醒他要不忘初心。

# 不做「離地」科學家

　　雖然 Sid 沒有改變自己的研究重心，但他每天都在思考如何為對抗疫情出力，不做「離地」的科學家。疫情爆發的一年，科學界每星期都有相關的新發現和論文，在前線抗疫的醫生根本沒有時間去細讀這些文章。Sid 作為一位微生物學家，決定將這些冗長的研究文章化繁為簡，歸納出跟臨床診治有關的重點，定期在個人Facebook 上發佈。

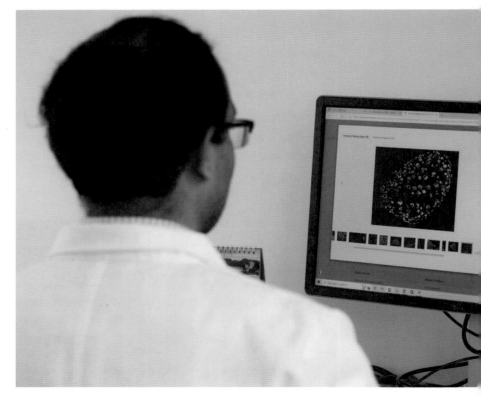

Sid 善於梳理研究資料，再深入淺出地向大眾解釋。

Sid 原本只是打算寫給港大醫科同事看而已，因為知道對方在前線面對未知的病毒，壓力很大，希望可以提供多一點資訊和科學分析支援前線工作，例如怎樣治療患了新型冠狀病毒的孕婦、打疫苗後能否餵奶等問題。而這些同樣是跟普羅大眾息息相關的課題。

　　慢慢地，他發現自己的文章和圖表大受歡迎，有眾多讀者分享、留言和發問。話題日漸層出不窮，涵蓋抗疫生活中的點滴，包括口罩、消毒酒精、檢測、疫苗等等，每一篇都是「乾貨」（不含水分的實用資訊）。他希望傳播知識，令大眾安心生活，不至於過度恐慌。

　　不少人和傳媒都會再將 Sid 的文章翻譯成中文，以便本地社群傳播。現在 Sid 的個人 Facebook 和 Twitter 帳戶分別有超過 2,600 位和 4,800 位追隨者，就本地科學家而言，粉絲之多，實屬罕見。

　　人們通常期望科學家說的話是金科玉律，惟現實中疫情變幻無窮，不可能有一成不變的權威。COVID-19 不時冒出新的科學發現和病毒變種，Sid 會否擔憂「今天的我打倒昨日的我」呢？

　　「這是難以避免的。一開始科學界認為 COVID-19 病毒只靠飛沫傳播，之後發現原來也可以通過空氣傳播。又例如科學界一開始也期望疫苗接種可以達至群體免疫，但發現病毒會變種後，疫苗不能防止感染，但能預防重症。」

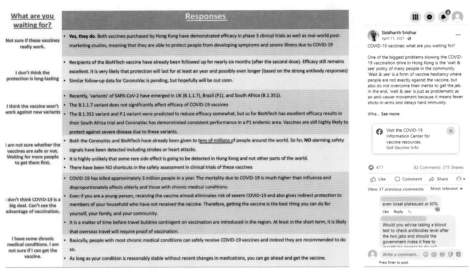

Sid 在 Facebook 發表的每篇文章圖文並茂,有很多獲得過百次轉載分享,他也非常積極回應網民留言,作出補充解釋。

　　科學精神就是不斷質疑,讓知識不斷更新,只不過面對世紀疫症,知識更新的速度大幅加快,令公眾變得疲勞和無所適從。

　　「其實香港也有很多世界級的研究。我希望傳播科學界的最新資訊給大眾,將研究成果分享,令大家不要過度恐慌。我發佈資訊的原則是,所有資料來源必須引用學術文章,有根有據,也會列明不同情況的利弊,令讀者在當刻有最新和全面的資料作判斷。」

Sid 切實履行知識分子在公共領域的社會責任，他曾公開批評網上流傳「新冠疫苗可致肝腎衰竭的涉誤導言論」是偽科學，希望市民不要對疫苗產生恐慌。

作為一個經常在社交媒體發放科學資訊的學者，Sid 認為未來的公眾教育工作十分艱巨：「社交媒體令垃圾資訊、假新聞、偽科學很容易傳播。一些激進的言論或留言也很容易帶風向。COVID-19 一役也令科學家很容易失去公信力。」

Sid 既是醫生，又是老師，也是微生物學者，由病毒、細菌、病人、學生到公眾，都是他在意的對象，遊走其中，各種訴求，縱橫交錯像個迷宮，而他深信，好奇心和反思的勇氣，也許是破解這迷宮的兩大關鍵。

# 不甘現狀的基因

## 青年學人 · 羅鋭邦

羅鋭邦自小在深圳長大，大學時入讀華南理工大學，主修生物科學與生物工程。鍾情於科研的他，在二年級時加入華大基因擔任研究員，並在國際學術期刊發表研究成果。2010 年畢業後到香港大學攻讀博士，期間撮合港大與華大基因組成實驗室。他其後創辦 L3 Bioinformatics，專研生物訊息學（Bioinformatics）。至 2018 年擔任港大計算機科學系副教授，更獲《麻省理工科技評論》（*MIT Technology Review*）雜誌選為亞太區十大 35 歲以下年輕創新者（Innovators Under 35）。

初次跟羅銳邦（RB）會面時，只覺得眼前人態度謙遜，笑容滿面，還帶有一絲童真。單憑外表，很容易誤以為他是一位學生，但他的真正身份是一位教授。

不說不知，這位還是生於 1989 年的「80 後」，只差一年就可以被稱為「90 後」的「年輕」「天才」教授。當然，年僅三十出頭已爭取到港大教席，也足以被稱為「鶴立雞群」的 Outlier 了。

「叫我 RB 可以了。」他怕浪費訪問的時間，隨和地說：「如果要把我生平都說出來，恐怕太久，我怕耽誤各位。」可是，面對這位非一般的年輕學者，相比起談他畢業後的工作生涯，探索其生平一定會更有趣味和啟發性。

# ETV令頑皮小子<br>與科學結緣

RB 生於跟香港僅一河之隔的深圳，他笑言自己小時候十分頑皮，被老師認定為時常搗蛋的傢伙，偏偏學業成績卻不錯，更經常代表學校參加各種有關生物科和電腦編程的比賽。不過，早期能滿足其好奇心的，竟然是香港的教育電視節目（ETV）。

「那時回到家，最愛看的便是香港的教育電視，生物、電腦、數學，我甚麼都看，成為我童年的重要回憶。」就這樣，RB 對香港產生了情意結。

愛看教育電視的 RB，一直在找尋自己的興趣和實踐所學的方法，並經常思考如何結合生物科和電腦程式。在上世紀九十年代的教育制度下，生物還生物，電腦歸電腦，很少有「跨學科」、「跨領域」的創新範疇，

令學生不容易找到適合自己的學習框架。

　　後來，RB 考入了相當接近他理想的華南理工大學生物科學與工程學系。他自言個性較內向，因此反而想「hack」一下自己，入讀大學第一年便刻意走去參加學生會，而且選擇當上「外務部」負責人，希望逼自己變得外向。

　　RB 逼迫自己的意志力驚人，他特別記得一件事，那時為了爭取一些學生福利，他去到廣州的著名購物街「上下九步行街」，逐戶拍門尋求合作。「那時拜訪了多少間店呢？可能有 100 間吧，哈哈。最高興是鍛鍊了自己的溝通能力。」可是，他逐漸察覺，這不是自己想追求的知識和人生發展方向。

　　**「假如多做一年學生會，大概會掌握各種交際方式，以及學懂在不同群體間爭取自身利益。但想深一層，這是我現在想學的東西嗎？我想再做一些更有趣的事情。」**

　　很多學生踏進大學後，恍如坐上一架單程列車，一開始的抉擇幾乎便篤定往後幾年的路向，在旅途間很少能從人生的高度作出反思，看看自己想追求的理想、價值、興趣是甚麼。而 RB 卻喜歡在列車每到達一個站，便重新思考旅程的意義。

　　結果，RB 遇上另一個契機。

　　今天香港人都不感陌生的華大基因（簡稱華大），於 1999 年在北京成立。至 2007 年，華大南下深圳，成立在南方的基地。

RB 說，那時華大急於做出成績以證明自身價值，因此在不少大專院校廣邀年輕人加入做研究。而華大要的正正是「生物學＋電腦編程」的人才，環顧校內同儕，RB 自問的確是這兩個範疇的專家。

RB（右一）在華南理工大學讀書時，擔任學生會的外務部負責人。

## 奉旨不讀書
## Dropout 搞科研

可是，問題來了，華大只考慮招請應屆畢業生當研究員，而那時 RB 只是大學一年級。幸好大學院長鼓勵RB 儘管嘗試報名，而 RB 亦憑着優異表現獲招為研究員，一做便數個月。暑假過後，RB 快要升上大學二年級，華大到那刻才知道這位年輕人尚未大學畢業，但眼見 RB 能力超班，便游說他留下來。

另一邊廂，其實 RB 已經下定決心往後幾年都留在華大做研究，因為這幾個月做研究的感覺太過癮，根本難以自拔。然而，華南理工大學歷史上，從沒有學生

試過中途輟學參與科研或創業。

在美國，這種中途輟學去搞科研或創業的行徑稱為「Dropout」，最經典的案例莫過於蘋果公司創辦人 Steve Jobs 和微軟創辦人 Bill Gates 了，提起他們更總會聯想到其盪氣迴腸的創業傳奇。

儘管華南理工大學沒有先例，但 RB 已決定走研究這條路，那時的經歷亦令他一生難忘。「要申請『不讀書』，首先需要得到（所屬的）生物學院批准，那時我得到了院長的批函，在內地稱為『紅頭文件』，獲准到華大做研究員；但有一個條件，就是照樣要回來學校考試。我當然沒有問題，就是這樣，可以『奉旨不讀書』。」具有中國特色的 Dropout，就是毋須輟學，考試照舊。

RB 繼續憶述：「我高興地拿到『紅頭文件』，但還有一個任務，就是要拿到教務院長的批文。當天廣州市正打風，香港也掛起三號風球了，但生物學院和教務院辦公室分別位於廣州的南、北兩方，要坐一個半鐘頭的車才可以到達另一方，但我不理了，照樣坐車到教務院。到達後，教務院長卻冷不防來一句，說『紅頭文件』上還欠了生物學院副院長簽名！」

「那有甚麼辦法呢？我只好重新坐車回到生物學院校園，我記得當時手中抱緊書包，全身都濕透了。不過，重新回到生物學院後，整個停車場空蕩蕩，只見生物學院副院長的一部車──她在暴風雨下等待我。那時我跟自己說，如果做不到些好成績，我不姓羅！」

有些事情你會記一輩子，其間每個細節、每個人說的話都會記得一清二楚，而這些事情往往發生於夢想來敲門的時候。

令 RB 着迷的研究就是生物資訊學——把人體中的細胞和 DNA 都視為數據點，而當中存在驚人的巨大潛能。他解釋：「人的細胞數據量極大，簡單來說，一個細胞其實等同 3GB 的數據容量，而人體足足有數十萬億個細胞，數據量之龐大可想而知。」

至於最令 RB 期待的地方是：「透過電腦演算法加以分析，找出人與人之間的基因不同之處，會對治療疾病有莫大突破。例如，現在很多醫治癌症的標靶藥物都是基於對西方人的基因研究，同一套藥物應用在我們亞洲人、華人身上，可能未必同樣有效。所以我們需要有

RB（左）在華大基因做研究期間遇上頂尖的基因組科學家，包括諾貝爾獎得主詹姆斯・華生（中），以及中國科學院院士兼華大基因理事長楊煥明（右）。

自己的一套基因測序庫，找出關於我們的基因答案。」

自此，RB 的兩大最得意範疇——生物學和電腦編程——找到最大公因數，他也在華大渡過了大學時光。至於 RB 的畢業論文同樣十分破格，就是直接把科研成果發表到學術界權威期刊《自然》（*Nature*）的生物技術分刊 *Nature Biotechnology*。

承先啟後，RB 笑言，後來華南理工大學有至少 20 位師弟妹跟隨「RB 模式」，拿「紅頭文件」不讀書，跑去做創新項目。

# 棄筍工 再學師
# 成就不凡事業

大學畢業後，在 RB 身邊有不少華大基因的同伴都選擇繼續留在公司工作，畢竟是順風行業，大有前途，直白說，根本是「筍工」。但他選擇再次站在人生的高度思考，覺得自己的根基還未夠紮實。令他有這種想法的，竟是因為一個人。

「在華大基因工作時，已經常常跟來自香港大學的林德華教授合作。林教授在演算法的成就屬於世界上數一數二，有了他的算法，才能令我們更有力量分析龐大的基因數據庫。他令我覺得自己的算法功夫不足，所以我決定離開華大，繼續修行。」

此外，RB 還透露了另一個原因：「到香港讀書，

一直都是我盼望的事情。」於是他決定到港大攻讀博士（PhD），跟隨的正正是林德華教授。

「**除了技術上的突破，我還希望在哲學層面上有突破，不只關於怎樣應用，而是為何應用科學。**」

RB 提醒自己，「PhD」上面的「Ph」所指的就是 Philosophy！而他亦再次展現破格才華，來港大的第一年，他所寫的論文已足夠取得博士畢業。

但更不平凡的事陸續有來，RB 微笑着說：「畢業後，又想做有趣的事情，於是撮合了前東家華大基因跟港大共同成立了一個研究實驗室，進行基因測序的應用。」這次合作為 RB 找到了應用生物資訊科技的原因。

該實驗室旨在建立一個基因測序的臨床測試平台，並與香港的醫院合作，令服務大眾的醫生都可以透過演算法，更快和更準確地找到癌症患者的病因和治療方法。

「未有工具輔助前，醫生只可以跟隨內部指引，推斷病人患了哪一種癌症以及用甚麼藥，準確度不高。但基因測序平台可以協助醫生以演算法分析病人基因，快速得知癌症種類、該用甚麼藥物、要避免哪些藥的組合，不論速度和準確度都大幅提升。」RB 解釋，「哪怕準確度只改變數個百分點，可能已經救回一條人命。」

不過，該實驗室的營運涉及公帑，要與官僚體制交手，其間自然要經歷重重機構和委員會的審批。因此，

RB（左二）跟隨林德華教授（左四）修讀博士，並成為港大研究實驗室的一員。

RB 後來決定與夥伴創辦私人公司 L3 Bioinformatics
（簡稱 L3B），期望以私人企業的效率和資源，補足靠
公帑營運的實驗室。

L3B 的科研成果和商業模式亦得到國際認可。在
2017 年，RB 獲《福布斯》評選為亞洲「醫療、健康
和科技」領域的 30 位 30 歲以下精英（30 Under 30 -
Asia - Healthcare & Science）。

# 傳承「破格」的
# 火花與思維

　　科研事業已獲國際肯定，RB 還想成就些甚麼？他再次回顧了自己的道路：「我在教育的過程中遇上不少老師，有好也有不好的。我發現好的老師不會限制學生潛能，對我終生受益。我想當一位好老師，希望可以令像我小時候那樣的『破格』青年得到啟蒙。」

　　*「希望學生可以學會擁抱不確定性，甚至為此感到興奮，因為不確定性是創新的來源。」*

　　翻看了 RB 的個人網頁，原來他的興趣是「極限運動」（Extreme Sports），閒時喜歡駕駛小型飛機探索天際。

　　香港近年面對極大不確定性，RB 卻對這個城市充滿了回憶和情意結。他又怎麼看這個兒時心目中的理想樂園？

基於自身經歷，RB 亦立志當一位好老師，希望啟發與自己同樣「破格」的學生。

RB 熱愛極限運動，入水能潛（潛水愛好者），出水能飛（駕駛小型飛機），科研外的另一個夢想是在內地成立飛行學校，推廣遊樂性質飛行。

「我曾經在很多地方工作，包括中國和美國，我覺得香港人是全世界最靈活的群體，他們可以和世界各國不同的人合作，相容度很高，這一點很重要。」

他補充：「其實我們可以不只用一個角度看香港，換一種思維，例如香港原來是全球平均智商最高的地方之一，港元亦是全球流通量最大的十種貨幣之一，還有其他常被忽略的角度，令我始終認為香港是幸運（blessed）的地方。但我們欠缺耐性，很快便以一種思維為這個地方下定論，若換一個角度，我們會較容易看見希望（silver lining）。」

三十多年來，RB 總是喜歡跨越制度、最後超越制度，令自己到達彼岸之餘，也為自身及群體帶來更高視野。往後的香港，還能保有這一份視野嗎？

# 行動先決：
# 從深水埗出發
# 奔向世界

## 港產矽谷人・李景輝

NEX Team 聯合創辦人兼行政總裁李景輝(David)，2004 年香港大學資訊系統及軟件工程雙學位畢業；在學時期他已與夥伴編製軟件協助港大數碼化。畢業後善用自身專業知識，與拍檔創立軟件公司，團隊其後獲蘋果公司招攬赴美發展。2017 年他自立門戶創辦 NEX Team Inc.，現時專注以擴張實境（Augmented Reality）及人工智能開發手機應用程式。2022 年 9 月，新作動作遊戲《Party Fowl 超雞派對》及體感音樂遊戲《Starri 星動旋律》全球上市，後者除收錄海外歌手名曲，還有香港組合 MIRROR 和林家謙的歌曲。

「不要停留在『諗來諗去』的思索階段，願意行出第一步，才有第二三步。」

美國矽谷、蘋果公司、特斯拉（Tesla）、Meta（Facebook 母公司）一直以來是科創企業的標高柱——眾人未必敢奢言超越，但皆希望達到的高度。屢次牽起市場新潮流的蘋果產品發佈會，更一直備受全球關注。而在 2018 年 9 月 12 日那次蘋果發佈會，台上竟出現了一位香港人的身影！NEX Team 共同創辦人兼行政總裁 David 與前 NBA 球星拿殊（Steve Nash）一起登場，介紹運動科技應用程式「HomeCourt」。

同年 11 月 28 日，David 獲母校香港大學邀請回港，分享他「由港大到矽谷」的創業心路歷程，並在法定古蹟港大本部大樓的陸佑堂裏打籃球，向在場的港大師生及中學生們展示其科創成果。

訪問 David 期間，他除了回首在港大的青蔥歲月，也分享了其科創團隊因應近年疫情及社會變化，取得的新發展。

David（右）正在與港大籃球校隊試用 HomeCourt 程式。

# 機緣巧合
## vs.
# 時不與我

　　David 跟商業的初接觸始於深水埗街頭。他在深水埗的草根家庭長大，小學時已經幫爸爸在大南街街頭賣橙，直至升上中學才淡出。而他在中學選科之際，展現出對科技的興趣和信心：「當時理科生的選修科目不多，學校安排會計與電腦二揀一。由於會計的自修難度較高，結果決定選修會計，再自修較有信心的電腦科。」David 笑言，自小知道自己不是讀醫的材料，在高級程度會考（A-Level）選修了純數，慢慢邁向工科之路。

　　他提到，自己年少時不諳創業及創科，只有在街邊賣橙的經驗，但那卻是累積商業經驗的第一步，直至讀中三、中四才開始接觸電腦。反觀自己年約 10 歲的女兒擁有個人 MacBook Pro，懂得使用相片及影片剪輯程式，不得不感嘆時代的飛速轉變。

　　上世紀九十年代中期至 2001 年，正值科網熱潮，互聯網及資訊科技企業急速擴張，股價飆升，形成泡沫。David 中七預科畢業時，資訊科技相關的學位課程同樣水漲船高，收生標準可媲美醫科及法律。他憶述：「本身自己打算讀工程系（Engineering），但後來留意到香港大學推出結合商科及工程系的雙學位課程，覺得兼具兩者元素是完美組合。」

　　受惠於中學時曾經修讀會計，David 在大學一年級能夠輕鬆應對商科課程，用騰出來的時間參加各種

比賽。在一個特區政府舉辦的網頁設計比賽中，他跟夥伴更贏得冠軍，獲得豐富獎金及電腦獎品，以及前往美國矽谷考察的機會。他們在該次賽事中設計了一個電子認證系統，讓服務及產品供應商、批發商等使用，以確保採購品質。如今回想，David 認為當年的作品做得很差，他憶述之後代表香港到新加坡比賽的難忘經歷：

> 「當時評判有一條問題十分深刻，他問我們聲稱要推出電子認證系統，但有沒有試過成功認證任何一項產品呢？當時我們的確沒有，最後取得最佳匯報獎（Best Presentation Award），亦即『吹水獎』。當時讀一年級的我們，跟其他攜同產品原型（Prototype）參賽的高年級對手高下立見，才發現自己最擅長的只是『吹水』。」

> 「自此，我決定不要再吹水，而是要真做，唔想得個講字。這就是一切的開始。」

升讀二年級時，他們團隊負責為港大承擔不同的電子化工作，當時他們製作的電子月曆表更比「Google 月曆」早了足足三年面世，但當時未有視野和野心去進一步「發大」該項目，譬如將產品放上網任人使用，而只以最傳統的方式授權其他公司使用該軟件。

此外，David 亦提到另一個特別的經驗，當時 YouTube 還未成立，但他們曾經試行製作串流播放短片的網站，作為大學其中一個課程的功課。「當時是互聯網 2.0 社交媒體開始發展的年代，Google 仍然在不斷收購公司擴充，如果（我們）將產品開放給公眾使用，

可能更早有更大的迴響。科技潮流剛剛興起時，實在機會處處，不容錯失。我們一年級到處參加比賽的時候，亦正是 PayPal 踏進第二年並逐漸蓬勃發展的時期。」

# 努力抓緊時機
# 踏上創業跳板

　　David 入讀港大時正值 2000 年科網熱潮高峰，成績頂尖的同學們都憧憬到科技公司工作；但到畢業時科網泡沫經已爆破，還要面對沙士（SARS）疫情及經濟衰退。David 強調，當時沒有想過轉跑道，面對慘淡行情，他們反而覺得機會成本更低，決定掌握這個「時代機遇」創業，希望殺出一條生路。

　　畢業後，David 與七位大學同窗各出資 2,500 港元創業，成立 Team and Concepts。兩年後公司成功開發網上試算表程式「EditGrid」，比 Google Spreadsheet（現名為 Google Sheets）共用試算表早兩個月誕生。公司最終獲蘋果公司「人才收購」（Acqui-hiring），他們原班人馬加入了蘋果協助開發 iWork 辦公室軟體。回頭看，其實這段創業路，早在求學時期已埋下種子。

　　活在大時代之中，很容易當局者迷。能否看準機遇是一個問題，有沒有抓緊機遇則是一個抉擇。David 認為在這個過程中，坐言起行十分重要。

　　「在下決定時，我是不為恐懼所動，而是受自己真正想達到的事情所驅動。要達成目標，首先要肯說出來，才能接觸到身邊的機遇及人材，實踐過後慢慢走出一條路。而在這刺激的探險過程中，亦可能開拓出更多新的道路及領域。有些人十分享受這個冒險過程，亦有些人不是。這件事沒有對錯，反而在於是否具備創業家性格特質及不同人對生活的想像。」

早在 2006 年，David 與同伴已洞悉先機，着力開發線上試算表程式。

由薄扶林出發——港大新生代50築夢方程式

# Hello 蘋果
# Goodbye 蘋果

　　雖然現在再說 2000 年代的科創經驗可能已經脫節，畢竟已是近廿年前舊事，但 David 一行人剛好親歷了美國矽谷科網股爆破的低谷，以及世界科技發展重新振作至現在稱霸一方的整個過程。2009 年，蘋果公司市值僅約 100 億美元，不入美企十大之列。踏進 2010 年代，蘋果公司推出的新型手機、手提電腦及平板電腦掀起一波又一波的風潮，進軍全球並急速擴張。2018 年，蘋果公司市值首度突破一萬億美元，此後更長期雄踞全球最高市值公司寶座。

　　進入蘋果公司工作初期，David 感覺自由度十分高，團隊規模亦擴大了一倍，更很高興研發的產品在蘋果發佈會上亮相。但 2017 年初，David 與當年一起加入蘋果的夥伴決定離開，共同創立 NEX Team，走自己的路。

　　David 表示，自己終究不喜歡為別人工作，只希望做自己想做的事，更笑言這個決定整體而言令自己更開心，改善了心理健康。當年一起進入蘋果工作的五人，現在有四位都在新公司，餘下一人於蘋果公司工作。而 NEX Team 的兩位核心成員更是從大學一二年級開始認識的戰友，一同經歷這 20 年的旅途。

## 從陌生人變成
## 最佳戰友

David 認為，跟最優秀的人才合作是創業路上的關鍵信條。幾個朋友一起創業固然開心，但好朋友未必是最佳的創業夥伴和一流的人才；至於跟陌生人合組公司創業，則是很多人跨不過的心理關口。

他與另一位 NEX Team 共同創辦人 Tony，其實早於中學年代聯校科技展覽就互相欣賞，惺惺相惜。David 升讀港大後，需要組隊參賽，獲中大朋友介紹技術高超的同房宿友，結果與 Tony 相認。

David 形容，當時感覺與對方合作定能成就大事，20 年來建立的默契，更令兩人工作時會熟練地自動走位互補，令他連讚多次「精彩」。

離開蘋果後，David 思索下一個新項目時，萌生了開發 HomeCourt 的想法。在某個週末，他邀請家人觀賞自己參加的街頭籃球賽，但整場下來竟然一球未進。如何證明自己的球技不是這麼差呢？最親的人也不會一直坐着看他另一次球賽，結果他想到可以用手機錄下入球精華、數據等，就可以隨時向家人展示球技。

但對於一直專注研發 Productivity（生產力）類應用程式的團隊來說，這種需要使用攝錄鏡頭的視覺人工智能技術屬於全新領域。正當團隊躊躇應否繼續開發 HomeCourt 之際，其中一位成員提醒大家：

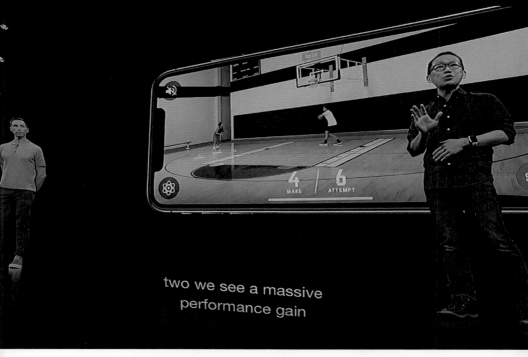

two we see a massive
performance gain

David（右）與 NBA 名宿拿殊（左）一同於蘋果發佈會上介紹 HomeCourt 程式。

> 「我們是甚麼料子並不重要，重要的是我們能
> 夠成就甚麼。」

> It's not about who we are, it's about
> who we can be.

David 說：「當你付出心機全力做好一件事，總會
被人留意到，途中亦會有人願意伸出援手，遇到很多有
趣的人共襄盛舉。我們由做網頁起家，到手機程式及遊
戲，過程中都會質疑能否成功。團隊一直以來面對新挑
戰，有哪一次不是全力學習，用心製作，挑戰成為世界
第一。重要的是決心和方向，實在毋須恐懼。」

就是這團火和堅持，驅使他們決意闖進新領域。

# 由 HomeCourt 到 Active Arcade, 下一站是……

HomeCourt 應用程式透過蘋果手機的先進鏡頭技術，分析籃球選手的姿勢及入球角度，主打用戶對象為職業運動員及籃球運動發燒友；而一般到街場打籃球的人士未必會使用，這類用戶中只有大約十分之一會完整啟用程式的專業功能。至於普羅大眾則使用程式內其他較基本的練習功能。

儘管 HomeCourt 榮登蘋果發佈會，又有明星投資者如拿殊、林書豪，以及阿里巴巴創業者基金等，風頭一時無兩，但 David 一直提醒自己，HomeCourt 的市場狹窄，難以吸引大眾用家。誰知在新冠病毒疫情爆發後，HomeCourt 的用戶數字突然暴增十幾倍，原來很多人利用該程式在家運動。

團隊遂乘勢追擊，推出 Active Arcade 互動遊戲，其內置 19 款遊戲模式，用家不需要使用遊戲機手掣，只要站在手機屏幕前完成動作就可以得分，適合一家大小遊玩，David 稱之為「用鏡頭和身體打機」（camera-enabled motion gaming）。Active Arcade 現獲全球最大玩具商接洽及 Samsung 投資，覆蓋的用戶客群遠多於 HomeCourt。

David 及其團隊研發的 Active Arcade，「用鏡頭和身體打機」，適合一家大小遊玩。

David 不時向有志於投身科創發展的年輕人，分享自身寶貴經驗。

　　惟 David 坦言，Active Arcade 依然難以跳出「雜錦遊戲」的形象和框架，真正的主菜是隨後推出的幾款獨立主題遊戲，而當中的音樂節奏遊戲《Starri 星動旋律》更囊括海外知名歌曲，以至香港男子跳唱組合 MIRROR 的作品。他與團隊會繼續努力推進屏幕、電視及獨立遊戲盒子的連結，朝更遠大的目標——成為下一個任天堂——進發。

　　談到本港的創科環境，David 認為香港與美國矽谷已經變得愈來愈相似。兩地過往的最大差異在於資金鏈，但如今跨國投資已經是尋常事，香港獨角獸能拓展外地市場，本地創投公司如維港投資（Horizons Ventures）亦有投資不少海外企業。對初創企業來說，最重要的是拓闊視野，解決那些不只是香港才出現的問

題，以免令市場局限於這個城市。

　　David 心中的一團火，不是「畢業後闖一闖」式
的三分鐘熱度，而是一直持續燃燒超過 20 年，並且愈
燒愈大廈創新高峰。雖然在美國矽谷打滾多年，他仍然
保持童真，在介紹 HomeCourt 時，以經典日本動漫
《男兒當入樽》的主題曲為背景音樂；而在示範 Active
Arcade 毋須手掣，只用鏡頭去打機時，亦用上另一日
本動漫《四驅兄弟》中「以氣御車」作比喻，背後帶出
一種兒時狂熱。他寄語年輕人：「不要停留在『諗來諗
去』的思索階段，願意行出第一步，就自然能夠踏出第
二三步。」

# 首個實驗產品
# 失敗之後

## AI 科創人・溫豪夫

有光科技（Fano Labs）共同創辦人及行政總裁溫豪夫
(Miles)，2008 年從東北來港入讀港大工程系，以一級榮
譽畢業後隨即攻讀博士，期間獲富布萊特學人計劃資助到
美國深造。博士畢業後有感學術研發往往未能普及，於是
夥拍港大李安國教授創業，專攻語音識別及自然語言處理
等人工智能（AI）技術，直接將科技應用到日常生活。

創新和創業兩者好像總是關係密切，更常常讓人有一種印象，就是只要夠創新，創業就必然成功。

在過去 10 年，坊間最津津樂道的，就是平台經濟（Platform Economics）如何改變各行各業的生態，例如 Uber 改變了出租車行業，Airbnb 革新了酒店住宿業，外賣應用程式令大家足不出戶即可享用美食，疫情期間此類平台更是得益不淺。至於更高層次的科技創新，例如目前蓬勃發展的電動車行業，令大家可以想像一個環保且可持續的將來；又例如近年不少人討論的「深度技術 (Deep Tech)」，包括各種生物基因科技，都讓人憧憬一個美好新世界。

宏觀來說，創新能力確實是企業的核心競爭力，並持續推動社會進步。但回到創業者層面，擁有創新技術不一定等於創業成功，顧客也不一定願意付鈔支持新科技產品。

事實上，同樣是過去 10 年，打着「平台經濟」、「深度技術」名號但最終失敗收場的企業多不勝數。例如曾於中國內地掀起熱潮的共享單車服務，由於有龐大資金支撐，一時間冒出大量同類企業，結果觸發減價戰，隨後接連倒閉。記得當年網上廣傳一幅相片，成千上萬架共享單車被棄置在空地，恍如「單車墳場」，令人唏噓。

如果技術創新不一定促成創業成功，那連接兩者之間的橋樑又是甚麼呢？

對於本地人工智能企業有光科技創辦人 Miles 來說，創新技術與成功創業之間的距離甚遠，因為技術高明不等於大眾能理解；而且要研發出符合市場需要的產品，即初創界常說的找到「Product-Market Fit」，更是一段艱難的過程，卻屬於每位創業者必經之路。

# 由人工智能走到世界

Miles 在德國研究如何將人工智能的算法應用於智慧電網。

Miles 的家鄉為中國東北吉林省長春市，他不僅學業成績優異，更是全省尖子，中學畢業後南下入讀香港大學工程系。而他自小便對機械零件情有獨鍾，喜歡在家中「解剖」手提電話（當時俗稱「大哥大」），研究當中的電路邏輯。這份好奇心，讓他在港大讀書時對機械、晶片等充滿興趣，還為此多報幾個學科，結果大學三年間共取得超過 230 個學分（畢業生學分通常為 200 分以下）。如飢似渴地吸收知識，除了令 Miles 更喜歡學習，更萌生了志向：「讀大學時，我決定要把科技帶給世界！」

就是這一句「帶給世界」，他需先走到「世界」，鍛鍊自身功夫。

在港大攻讀博士時，Miles 到德國海德堡市做研究，學習智慧電網（Smart Grid）的運作。智慧電網即是透過分析城市住戶用電數據，得出全年用電率，然後調控

電力生產，藉此達到節約能源、減低損耗的目標。同時，智慧電網亦有助整合再生能源，令風能、太陽能等可以跟傳統電力無縫銜接，提高再生能源使用率，背後依靠的是一套人工智能算法。他亦留意到，並非每個國家或城市都會建造智慧電網，尤其是容許電力公司壟斷市場的地方，往往缺乏誘因去提升供電效率。

後來，Miles 獲富布萊特學人計劃（Fulbright Scholar）資助，遠赴美國加州大學柏克萊分校（UC Berkeley）深造和進行學術研究。博士畢業後，他發覺繼續在學術界發展並非其初衷。

「那時思考前路，覺得自己興趣不在教書，反而想透過實踐科技去影響世界。而且學術界的理論往往多年後才有人使用，何不直接把科技應用到日常生活？」

湊巧此時香港大學的「大學科技初創企業資助計劃」向 Miles 批出資助，他於是回港並作出一個大膽決定——以創新科技創業。

Miles（中）於美國加州大學柏克萊分校深造，研究可再生能源電能儲存裝置的智慧管理系統。

# 創業第一課
# 找到合適的市場定位

Miles 鑽研的是人工智能，技術已經有了，如何應用才傷腦筋。他讀博士時就研究人工智能在能源市場的應用，但香港的能源市場競爭十分有限，變相較少創新的機會。就像很多創新實驗一樣，他的首個實驗產品失敗了。

該實驗產品是「室內定位」，主要應用於香港的商場。Miles 有感在香港逛商場時，就算使用了智能手機上的地圖標示，也難以弄清楚自己究竟在甚麼位置和樓層，附近有甚麼商店。畢竟商場是一個巨型的立體空間，並非 2D 平面地圖可以簡單詮釋。於是他開發了一個在商場內定位的人工智能程式，讓用戶可以清晰知道自己的位置，以便消費購物。

不過，Miles 向地產商推銷產品時，卻被對方質疑這項目的使用率，更質疑到商場購物的人根本不會安裝該程式。最後，Miles 只好放棄這產品。經過反思後，他明白了一個道理：

*「這不是一個技術的問題，而是受眾人設和產品思維的問題。空有技術，而沒有市場受眾的分析，不足以推動創新項目。」*

後來 Miles 和團隊想通，人們到商場購物，目的其實不只是消費，而是休閒，換言之「行街」本身也是一個目的，因此人們並不特別欣賞講求效率的定位系統。

經歷了逾百次的 Pitching 失敗後，Miles（右一）終於找出將人工智能應用到金融科技和監管科技的可能性。

　　一次失敗當然打擊不了 Miles，他與團隊堅持下去，陸續嘗試開發不下 10 種新產品，豈料全都未能成功找到市場需求。正當他與團隊都感到灰心之際，2016 年卻迎來轉機。

　　當年人工智能系統 AlphaGo 一戰成名，擊敗了圍棋世界冠軍，令到人工智能這回事十分「入屋」，也讓一位客戶聯想起 Miles 的團隊，希望在公司的客戶服務中加入人工智能自動對話，以節省人力成本。這種產品其實就是今天的「Chatbot」（聊天機器人），Miles 補充：「那時候還未有（Chatbot）這個名字，大家都只說『Dialogue System』（語言系統），屬於學術界的稱呼。」

Miles 的團隊亦因而全力開發人工智能語言系統，更慢慢找到市場需要，業務開始蒸蒸日上，創新與創業從此密不可分。

　　有光科技現時專門研發自動語音識別（Automatic Speech Recognition, ASR）及自然語言處理（Natural Language Processing, NLP），配合對用戶的了解，令人工智能科技得以廣泛應用。而公司優勝之處在於支援混合語音處理，例如可以辨識香港人中英夾雜或多元口音，這已經成為 Miles 團隊引以為傲的技術和服務。

　　此外，基於企業客戶需要，有光科技更研發了一個系統，可透過人工智能接聽成千上萬個客戶服務相關的電話錄音，然後把內容加以分類並整理成可視化圖表，令企業管理層更準確知道客戶需求，從而針對性改善產品或服務。對於某些企業如電訊公司，這系統有助掌握客戶服務合約進度，能夠個別作出續約建議，增加公司收入。上述服務都釋放了巨大的商業能量。

　　「當你找到一次市場需求後，往後便像走在康莊大道，因為客戶會主動跟你說其需求是甚麼，只要跟着走，便不怕空有技術而沒有市場。」

# 以一間公司
# 改變一個社會

　　Miles 成功以科技創業，實踐初衷，但他不甘心像一般香港年輕人那樣缺乏創業雄心。他舉例，香港的學生很少會要求公司股份作為長期報酬，通常只追求現金薪水回報；反觀美國矽谷或深圳的年輕人都熱切拿取公司股份，因為他們相信公司的科技水平和商業潛能，想取得以倍計的增長回報。

　　Miles 又提到一次經歷：「也許是社會氛圍影響，記得有一次，我跟學生家長說，讀工程是最佳學科，畢業後可以做任何職業，相反其他科目則不容易重新進入工程的世界。不過，家長反問，工程的起薪點比法律或金融工作低，為甚麼要讀工程呢？」

　　除了社會氛圍，Miles 也深深體會到，香港人一般

有光科技的第三大股東就是 Miles（中）的同事，他希望做到齊上齊落，並啟發員工身體力行投資初創。

認為，成功創業者都是鳳毛麟角，所以創業從來不是一個選項。然而，他希望透過自己的經歷令香港人轉變觀念：「有光科技第三大股東就是我的同事，我常常告訴他們要去投資初創，因為得到的回報巨大，而且帶來深遠社會影響。我希望有光科技可以在港交所上市，然後告訴家長，成功創業不一定是特例，而是一條實際可行的道路。」

創新和創業，表面上一氣呵成、順理成章，但背後需要創辦人孜孜不倦地找出連結兩者的橋樑，發掘市場需求，才能夠令創新技術水到渠成，否則就算是再創新的技術都只能孤芳自賞。而找尋兩者連結的過程，正正是人生最寶貴的經驗，當中學到的技巧、培養出的心態，均可幫助年輕人在社會生存，甚至攀向高處。

# 體藝篇

## 藝術和運動的路
## 都沒有終點

不斷探索、實驗和試錯，最終也不一定獲得主流社會認定的「成功」。但踏上藝術和體育的路，過程才是最重要。即使社會覺得「機會成本」很高，可是我們的人生只能活一次，難道還捨得不去走一條屬於自己的路嗎？

# 我畫的東西
# 不只有「我」

## 城市畫家 · 趙綺婷

香港新晉畫家趙綺婷 (Elaine)，2018 年香港大學藝術史系畢業，2023 年獲選為《福布斯》亞洲 30 位 30 歲以下精英。她自 2012 年起走遍香港 18 區，以畫筆記錄漸漸消失的舊城風貌。近年她舉辦個人展覽，把自己眼中的香港以塑膠彩、水彩繪製成平面及立體作品，透過不同媒介呈現大眾眼前，部分畫作獲 K11 Art Foundation 及香港大學美術博物館選為永久館藏。

很奇怪，若告訴別人自己夢想是做一個畫家，或跟朋友提起想從事藝術工作，而對方是香港人的話，大概都會皺一皺眉，然後反問：「將來是否打算『乞食』？」

細想一下，「乞食」這字眼有多麼負面，「乞食」即是與流浪街頭的乞丐為伍，世界上有哪些地方會如此條件反射地形容畫家這份職業？或許如坊間所嘲諷，香港人的核心價值就只有「搵食」。

對於畫家 Elaine 來說，自然也有不少類近經歷，看看她的 YouTube 頻道，觀看次數最多的影片分別是《視覺藝術科開考了！DSE VA 試前準備》，內容是教導中學生如何應考藝術科，以及《傳說中的港大藝術系讀乜，係咪好離地？》，內容是協助大眾了解大學藝術系課程。這兩條影片，說穿了都是談「搵食」——學生如何考獲高分，或希望不要揀錯科，是十分現實的問題。至於她介紹歐洲藝術史或宋代蘇軾畫風的影片，觀看數字則低得多了。

如果把藝術或繪畫放在生活的對立面，將藝術家、畫家當成普通一份月薪工作來看待，然後以人力資源顧問的眼光評價，自然得出「待遇不佳、不穩定」等結論。但這些對於 Elaine 來說根本是捉錯用神，由始至終，她都把繪畫看成尋找自我的過程，順其自然之餘，又要不時作出反思，徘徊於原則和現實之間，大概要這樣才算是畫家。

早在進大學之前，Elaine 已經不斷思考前路，嘗試在一片迷霧中跟從自己感覺，邁向未知；到選擇院校時，她已經養成異於常人的批判精神：「受媽媽薰陶，自小已經懂得畫畫技巧。來到大學，發現一些院校如中大和浸大的藝術科，都有固定風格，參觀其畢業展，好像都有個定調，由作品當中可輕易得知參展者來自哪所大學。」

相反，香港大學藝術史系的「虛」及「離地」，出奇地吸引着 Elaine。話說港大這一科既沒有畢業展，課程甚至不會教人繪畫，學生只學習藝術歷史，交的功課全是論文，跟一般對於修讀藝術的印象大相逕庭。

不過，Elaine 覺得自己的藝術之路還很漫長，過早定下風格反而

令她感到不安，而港大藝術史系課程是從第三者角度出發，傳授的不是技能，而是藝術的時代背景，還有背後的哲學與歷史事件，學生從中可以得到甚麼，一切全憑自己造化，Elaine卻認為很適合自己：「我覺得畫畫跟時代千絲萬縷，原來我畫的東西不只有『我』，而是反映整個社會的集體意識。」

在港大的四年間，Elaine形容是「東尋西找的過程」，除了認定已故中國現代畫家吳冠中為偶像，也到過劍橋大學交流，假如藝術是一個景觀，她都飽覽滿足了。

誠如Elaine所說，畫家不是一份普通職業，而是一個追尋自我的旅途，在畢業後短短幾年內，她面對了三個讓自己轉化的關鍵：身處的城市、藝術品市場、自我。

今天是四月二十二日 距離文憑試第一科視藝科開考日子還有兩天
Today is 22nd of April, we still have two more days left for HKDSE's Visual Art exam

0:10 / 7:10

視覺藝術科開考了！DSE VA 試前準備
87,603 views · Apr 22, 2020

👍 2K  👎 DISLIKE  ↗ SHARE  ✂ CLIP  ≡+ SAVE  …

趙綺婷Elaine Chiu
4.11K subscribers

Subscribe: https://www.youtube.com/elainechiu

還有兩天，2020年度的文憑試視覺藝術科便開考了！考生需要準備什麼物料，我當年的盧卷又是怎

SHOW MORE

SUBSCRIBE

Elaine 的 YouTube 頻道上，觀看次數最多的影片也是同學最關心的議題——藝術科的升學問題。（YouTube 截圖）

# 由香港出發的
# 「城市畫家」

　　大學畢業後，終於要面對「搵食」問題，Elaine 笑言十分幸運，因為商業邀請不斷，甚至畢業後才一個月便可飛赴澳洲參與「悉尼光影節」（Vivid Sydney），那時要在悉尼街頭一角繪畫香港街景，而畫面會同步投映到大廈牆身，讓別人看見其作畫過程。這次經驗為她帶來更多繪製城市壁畫的機會，並開啟了她運用社交媒體建立個人品牌之路，她也樂此不疲地在街頭開辦「寫生班」，教公眾如何畫城市風景，「城市畫家」的稱號也隨之而來。

Elaine 在 2018 年的「悉尼光影節」進行即場創作，畫作被實時投射到建築物外牆上。

在繪畫香港的過程中，Elaine 發現自己十分喜歡畫一些對稱、平衡的事物，並發掘出自己喜歡畫建築物多於人物的畫風。同時，她更意外地察覺到，自己喜歡畫的香港招牌，原來正在逐漸消失。

*「今天畫的招牌，隔天竟因為重建便消失了。街頭繪畫時令我思考，我們整個城市在走往哪個方向呢？」*

何去何從？除了香港這城市，也是 Elaine 對自己的叩問。

透過開辦街頭「寫生班」，Elaine（中）教公眾如何繪畫城市風景。

# 吸取新養分
# 磨煉新技巧

為了在藝術路上更上一層樓，Elaine 可以把作品帶到拍賣行，又或者與畫廊簽約，但當中亦存在不少掙扎，甚至一度令她感到迷失。

畫廊的主要銷售對象是藝術品市場上的買家和收藏家，這些人的喜好往往影響到畫廊選擇展出哪些作品。當 Elaine 加入某畫廊後，店家便直接點評其畫作：「這些賣不出的，你多到拍賣行看一下甚麼作品受歡迎吧。」

創作受市場主導，Elaine 要適應的不只是市場供求問題，而是彷彿要把以往累積的技巧和風格抹走，她形容這就像重新去學習一門外語那麼陌生。

要數最具挑戰性的，必然是學習使用塑膠彩來取代自己一向擅長的水彩。塑膠彩顏色較鮮艷且耐用，被普遍買家視為較正規，故畫廊一般都會要求畫家以塑膠彩進行創作。儘管 Elaine 覺得水彩較靈活和隨性，可以自在地表達心中的複雜思緒，但在現實面前亦只好作出改變。

當很多人覺得追求藝術等於追求純粹，甚至認為作品與創作初衷一致便等於完美，但有時這亦意味着錯過進步的機會。要走出舒適區，得到新啟發，便必須把過去的自己放下——藝術就是不斷吸收、轉化、犧牲、再重新出發的過程。

Elaine 為了迎合市場需要，以塑膠彩取代水彩繪製作品。

　　可是，這不等於要忘記自己的身份，Elaine 補充：「藝術是對自己誠實。形式可以不同，但仍然要記着自己想表達的東西。」

　　談到 Elaine 早前辦的畫展，她笑言作品都「加了甜」，即少不免有投市場所好的成分，但她堅持當中仍然有自己想表達的訊息，就好像這一系列名為 *SUGAR_Wonderland* 的畫：「我即將參與一個國際畫展，決定反其道而行，摒棄過往一向較陰沉、深色的畫風，而是畫一幅色彩繽紛的城市畫，佔大都市就像一個冒險樂園。當這幅鮮艷的畫吸引到大家目光，那時便會發現，其實我想表達大眾生活在都市中，不過是活於一層糖衣包裝下。例如重建後的建築物總是色彩奪目，但可能已遮蓋了背後的歷史。」

吸收了新的養分後，
藝術總是以更聰明的姿態再現。

Elaine 於畫作 Sugar Wonderland 中摒棄了自己一直以來較陰沉、深色的畫風。

# 年輕畫家的
# 自我實現

在因應市場作出調整的過程中,除了要重新適應技巧,最大難關在於心態。Elaine 回想初時逼自己轉變,感覺諸多阻撓,去到一個地步是每下一筆都感到違心,更一度心灰意冷至想放棄繪畫。

幸好之後她遇上兩個轉捩點,令自己撐下來。

第一個轉捩點是佛學。Elaine 說:「佛學有個理論,即每個人都不只此生,而是千百年的積累。自己為甚麼而來,使命是甚麼,其實心中早有個答案。」不論藝術創作,還是其他工作,如果只是為了迎合別人喜好,而忘卻自己使命,一定會有很多掙扎。但假如知道自己使命是甚麼,即使作品受批評,其實也不會太在意,因為作品已表達真我。

另一個令 Elaine 轉念的關鍵,是她弟弟 —— 電視節目《全民造星 III》的冠軍「折骨 Ben」趙祥誠。原來 Ben 贏了冠軍後,由 Elaine 負責處理和傾談如雪片般湧至的工作邀請。那段期間,Elaine 一邊繪畫,一邊陪弟弟出入電視台與大小商業演出,搖身一變為每天與廣告商、電視台、公關公司、電影導演周旋的經理人,叫價還價、談合約細節等變成日常工作。

突然涉足娛樂圈大染缸,與各式充滿利益計算的機構頻密交流,令 Elaine 得以用第三者視角觀察藝人

Elaine（左）曾擔任弟弟《全民造星 III》冠軍趙祥誠（右）的經理人。

生活，也擴闊了她的舒適圈。回到自己的創作時，更容易走出以往的框框。

最令她印象深刻的，還是弟弟面對網民批評時的心態：「弟弟看見網上批評時，都幾乎不在乎，他更解釋，只要把自己看成是一個角色，而不是以第一身看待，便可以抽離一點。」

弟弟的豁達，啟發了 Elaine，使她能夠更從容地面對改變，也掌握了在迎合市場和自我實現之間取得平衡的竅門。

Elaine 希望藉着畫作，留住這個城市的 DNA。

# 藝術家
# 首要對自己誠實

原來當畫家，真的不可以看待為一份普通工作，而是一場畢生的修行。如果不以功利角度出發，又該如何勉勵後輩？

*「是否應該做畫家，或者從事藝術，其實答案一早在自己心中。要知道自己在這個世界的使命是甚麼。」*

是否要從事藝術，原來也是需要對自己誠實。

而香港這個城市也成就了 Elaine 畫家生涯的一部分。「我在畫香港城市風景的時候，好像在畫自畫像。這裏的風景新舊交錯，莊諧並重，後來發現，這正是我的思維和生活方式。如果風景改變，人其實也會改變。我希望藉着畫作，留住這個城市的 DNA。」

電影《一代宗師》中的三重境界——「見自己」、「見天地」、「見眾生」，似乎也是每位藝術家的修行必經階段，Elaine 在短短數年間，也初嘗這三重境界的滋味。大家與其再以世俗功利的標準來衡量藝術創作，不如承認很多人沒有勇氣像 Elaine 這些藝術家般，開啟一場畢生的修煉。

疫下不便街頭寫生，Elaine 想出街頭行為藝術創作的新念頭，一連六集扮成不同角色默站，再拍下路人反應。

# 屬於世界的香港味

---

## 回流電影人 · 梁銘佳

梁銘佳 2001 年在港大法律系畢業，2002 年修畢法學專業證書，隨後到美國哥倫比亞大學修讀電影系碩士，曾三奪該校的最佳攝影獎，畢業作《Three Boys》更贏得香港 ifva 獨立短片及影像媒體比賽公開組金獎。學成後主要從事攝影工作，足跡遍佈全球；近年回港擔任港產片攝影師，參與作品包括《燈火闌珊》《叔·叔》和《濁水漂流》；2020 年他與妻子更憑自編自導的《夜香·鴛鴦·深水埗》榮膺第 27 屆香港電影評論學會大獎最佳編劇；2022 年憑電影《白日青春》獲提名金馬獎最佳攝影。

有人曾笑言對香港大學法律系的學生有種近乎偏見的特殊印象——他們多半由外國回流，談話時必然是「ABC腔」中英夾雜，一手握着星巴克咖啡，一手執着厚厚的法律書籍，在校園中穿梭時總顯得顧盼自豪，神氣十足。

可是，初見出身港大法律系的梁銘佳，即使隔着螢光幕，也能感受到他那份獨特的樸實及隨和。

談到入讀港大法律系這個決定，他說多多少少是家人意願：「在香港選讀大學有點像酒樓點心紙，一次過將30個選擇排好，然後統一按成績分配，這的確是快捷和有效率，但少有像外國大學般為學生安排面試，了解學生的志向和興趣。」雖然他謙稱當年的成績只是「過得去」，但讀畢PCLL後就馬上獲得律師樓取錄，殊不容易。

梁銘佳（左三）在美國修讀電影時遇上來自五湖四海的同學，也埋下日後到不同國家工作的契機。

# 「尋找香港人」點燃熱情

　　梁銘佳自言從年少時開始就對電影有濃厚興趣，至於大學期間最令他難忘的事，正正是港大通識教育「尋找香港人」那一課。「當時的導師包括吳俊雄博士，課程要求我們拍攝紀錄性質的短片，以香港人身份和文化做主題。雖然那是我初次操刀拍攝和剪接的工作，但很記得徹夜留在校園埋首創作和製作影片的過程，好像有種難以言喻的魔力。我其實好怕辦公室那種『等放工』的感覺，但那次經歷好像燃起了內心一種不常見的熱情，亦令我更明白自己的興趣所在。」

　　結果，他放棄了律師樓的聘書，隻身前往美國哥倫比亞大學入讀電影系碩士課程，即使家人仍是支持，也不難想像他當時承受的壓力。至於負笈美國的經歷，他以「刺激」二字來形容。

　　*「印象最深刻是當時的同學來自五湖四海，除歐美外，還有泰國、巴西、智利等。大家對電影的口味以至詮釋都有很大分別，但透過不斷合作和交流，的確大大拓闊了我對電影以至故事的想像。」*

　　梁銘佳補充：「香港電影一直以明快見稱，故事起承轉合都以最直接的方式呈現，一來怕觀眾悶，二來亦怕大家睇唔明，但其他地方的電影卻不一樣。」千禧年代最火紅的電影《無間道》及之後荷里活改編的 *The Departed*（港譯：《無間道風雲》）就是很好的對照。「《無間道》一開始只用三分鐘，以蒙太奇（Montage）短鏡頭交代陳冠希和余文樂的前世今生，但馬田史高西斯的 *The Departed* 卻用了半小時去鋪墊。這不一定是好與壞的問題，但香港一直以來對電影的想像，確實有很多既定公式和框架。」

# 恍如「鴛鴦」
# 容納多元文化

在泰國和菲律賓的拍攝工作，是梁銘佳進入業界的初試啼聲。

　　哥倫比亞大學規定每位學生完成兩年碩士課程後，要在三年內攝製作品作為畢業論文。當時除了美國的本地學生，國際生大多會返回自己的國家拍攝，希望拍出更能代表自己的故事，但梁銘佳竟然選擇從未踏足過的菲律賓。

　　他坦言，當中有成本考慮，但由決定赴美留學到畢業，他都沒有計劃要回流香港發展。儘管自己是香港人，但香港人的故事不一定只能狹隘地在香港發生。機緣巧合下，這套「純菲律賓」的畢業作品 *Three Boys* 贏下 2009 年香港 ifva 獨立短片比賽公開組金獎，這也是個很有趣的呼應。

在菲律賓完成畢業作品後，梁銘佳便回到美國，幾年間先後三次奪得哥倫比亞大學最佳攝影獎，而他的電影生涯最終輾輾轉轉在另一個東南亞國家——這次是泰國——起步。事緣哥倫比亞大學的同窗兼好朋友安諾釵（Anocha Suwichakornpong）回到泰國祖家後，希望開拍電影《俗物人間》，並邀請一直有合作的梁銘佳擔任攝影師，梁自此正式進入電影行業。

梁銘佳直言，往後長時間在泰國工作的經驗，對他的電影觸覺影響甚深。可能因為當地佛教盛行，泰國人處理電影和故事總有一種獨特的質感，尤其是獨立電影甚少會「畫公仔畫出腸」。「雖然故事好真實，但他們的呈現手法總帶點禪味，淡然之中又不失細緻和幽默，不像香港商業電影一貫的直白。」

可能因為梁銘佳擁有這種多元文化交錯搭配下培養出來的觸覺，2014 年他獲張艾嘉導演邀請到台灣參與電影《念念》的拍攝工作，這亦是他第一次涉足華語電影圈。往後梁銘佳不論是擔任《叔·叔》及《濁水漂流》的攝影師，還是《夜香·鴛鴦·深水埗》的編導，均成為城中熱話，而且屢獲殊榮。至於作品是否備受大眾喜愛已是後話了。

談起香港電影的未來，他特別提到近年湧現了很多出色的年輕導演，而且是每年也有幾位新導演冒起，他們大多有紮實的文化根基，對電影有很強烈的看法，這情況是香港電影史上少見的。

# 「救命恩人」
## 的一點體會

梁銘佳夫妻檔自編自導的電影《夜香·鴛鴦·深水埗》由四個短篇單元組成，電影說的是本土故事，流露的是混集世界各地文化的香港味道。其中《鴛鴦》這單元的主角是一位外籍英語老師，她在片中道出「在這裏，我不懂廣東話也能開心」（I never needed to learn Cantonese to be happy here）這句話，是電影中最令人印象深刻的一幕。或許「鴛鴦」除了暗示香港，亦意指梁導本人吧。

這次訪問梁銘佳，說難不難，但說易亦不易，不知是因為法律系的訓練，還是受他口中所說的泰國文化影響，他的對答踏實不造作，而且用字簡潔。譬如談到這幾年他的作品多探討社會議題，他只說是「咁啱得咁蹺」，加上近年不少香港電影也以弱勢社群為主題；問他對自己電影的抱負，他亦沒有侃侃而談，僅謙稱電影是人的故事，「雖然點都希望社會因自己作品會有少少進步」。

訪問中，梁銘佳口中多番提到「救命恩人」四個字，包括在菲律賓幫他統籌畢業作品的是「救命恩人」；畢業後在美國開設製作公司為他帶來很多訓練和工作機會的是「救命恩人」；回流香港後幫忙介紹其作品的也是「救命恩人」。

梁銘佳能遇到那麼多「救命恩人」，不是因為他特別幸運，而是源於他的樸實、真誠，以及對自己工作的認真。這一點很值得各位將會或正在開拓自己人生路的朋友借鑑。

擔任《濁水漂流》的攝影時，梁銘佳感受到香港年輕導演的文化根基和人文關懷。

《夜香・鴛鴦・深水埗》講述的是香港本土故事，背後源於梁銘佳在深水埗長大，希望將那裏的獨特一面呈現到大銀幕。

# 沒有冠軍的修羅場

## 跳繩世一・張柏鴻

香港花式跳繩運動員張柏鴻 (Karl) 自中學時代開始接觸
該項運動，2012 年入讀港大後更創辦「香港花式跳繩學
社」，致力培育新一代跳繩運動員。2016 年他毅然輟學，
全情投入訓練和發展跳繩學校，同時亦投身創科，推出手
機跳繩訓練應用程式，隨後更分別在 2018 年及 2021 年
兩奪花式跳繩世界冠軍。

在香港，做運動員不容易，由
1996 年李麗珊登上奧運頒獎台感言
「香港運動員唔係垃圾」，到 2021
年張家朗說「大家要堅持，唔好咁
易放棄」，都反映出本地運動員的
辛酸，更不用說那些沒有政府支持、
甚至連相關賽事都少有觀眾的冷門
項目運動員了。

若把人生比喻為行山，有路線
難度之別的話，Karl 肯定是那些偏
愛挑戰高難度的人。中學時代，當
人人都加入足球隊、籃球隊時，他
迷上花式跳繩；當同學們都「收心
養性」坐定定準備公開試時，他不
但沒有放棄跳繩訓練，最後還考入
港大風險管理學系。到大學四年級
時，同窗們都為實習工作躊躇，他
卻創辦了跳繩學校，甚至輟學，好
讓自己專心訓練和經營生意。如今
他兩奪世界冠軍，贏盡殊榮後，又
開始思考：「除了跳繩，我是誰？」

在媒體訪問中看到的 Karl，都
是那種典型的陽光男孩型運動員，
但他說，自己小時候其實非常內向
文靜。

Karl 於短短幾年間由校隊跳到港隊，再登
上世界花式跳繩舞台，奪冠而回！

# 沒有教練的
# 世界冠軍

Karl 憶述，當初接觸花式跳繩是因為中學社際比賽，當時覺得跳繩不似其他運動般有大量身體碰撞，頗適合文靜的自己，而且跳繩對沒有運動底子的他來說也比較容易上手，初學時只要偶爾做到一些基礎花式，已帶來很大滿足感。

誰會想到，這位內向文靜的男生，短短幾年間便由學校跳到港隊，再登上世界花式跳繩舞台？

作為花式跳繩運動員，Karl 透露，原來除了頭兩年有教練跟隨外，大部分時間都要兼任教練，安排自己甚至隊內其他成員進行訓練和參賽，過程難免感到孤單和吃力。

*「由於花式跳繩始終不是主流項目，沒有資源聘請全職教練，很多時候我都只能透過網上影片，揣摩和自學不同花式，以及自己設計訓練時間表和內容。這除了要求極高自律性外，當偶爾遇上樽頸或者比賽經歷低潮，都需要獨自克服，少有像其他運動員般可依賴教練從旁提點和鼓勵。」*

　　他坦言，大學二年級時曾決定完成大賽後便退役，離開跳繩場。但沒想到正因為抱着最後一次參賽的心態，放手一搏，反而令自己有喜出望外的進步，更因此打下強心針，決心走向世界舞台，進軍更高的目標。同時，Karl 也決定創業，成立「香港花式跳繩學社」，投入支援和訓練年輕花式跳繩運動員的工作，也走入學校進行相關推廣和教學。

　　2016 年，Karl 大四那年，他毅然退學，全情投入運動員訓練和跳繩學校生意。在旁人眼中，這當然是非常冒險的決定，其家人初時也強烈反對。「其實大學期間都頗清楚自己興趣不在金融和風險管理，也肯定自己畢業後不會從事銀行工作，所以當時覺得運動員生涯有限，跳繩學校的工作也需要大量時間和精神，權衡後便決定放棄港大學業。」雖然說得輕描淡寫，但當時年僅 22 歲的他要下這個決定，應該非常不容易。

Karl 開辦跳繩學校，一方面是創業，另一方面也想為香港訓練出更多花式跳繩運動員。

2018 年，Karl 首次代表香港贏得世界花式跳繩冠軍。

在香港這個功利的社會，竟然有一位年輕人為了花
式跳繩而放棄港大學位。儘管每當 Karl 提起輟學決定，
都一貫平淡地說「這是自己喜歡的事」、「好想嘗試」
之類，但這反而更突顯出他對花式跳繩的熱愛有多真實
和純粹！

2018 年，Karl 如願贏得花式跳繩世界冠軍，同年
港隊比賽大豐收，香港機場擠滿記者迎接他們凱旋的畫
面，相信對他來說亦是千金不換的時刻。

# 兩度創業
# 只選熱愛的事

除了首奪世界冠軍外，該年 Karl 亦以總教練身份率領港隊征戰，加上跳繩學校生意漸上軌道，一切都看似苦盡甘來。但他心底裏反而冒出更大的疑問：「除了跳繩，我還有甚麼可能性呢？」站在十字路口前，他選擇了創科。

在 2018 年，Karl 第二次創業選擇了「搞創科」，倒不算是令人意外的決定，畢竟當時本地初創如雨後春筍，單是學界每年都有數以百計的初創比賽，還有形形色色來自私人企業和政府的資助。

香港創科圈一直有個說法，大意是指在本地搞初創，總離不開三大傳統產業（金融、物流、旅遊），事實上，大部分本地知名初創都是圍繞三大產業，而 Karl 的科創項目卻是花式跳繩，依然另類。

*「這當然惹來不少質疑，因為花式跳繩作為運動也不算主流，不難想像要吸納足夠用戶支持手機應用程式開發，甚至 scale up，都是非常困難的事。」*

不過，對 Karl 來說，「困難」二字明顯是一種誘惑多於阻嚇。2019 年，他推出了手機應用程式「ROJU」，希望透過專業的跳繩教材和影片傳授不同花式，協助用戶記錄練習進度，並提供不同的訓練組合。

**4 Week Beginner Program** 🔒

🕐 4 WEEKS
🎚 Light Beaded Rope

**About**
This 4-Week Beginner Programme includes 16-day training that will guide you through jump rope fundamentals and some cool tricks that are easy to follow.

With just 30-45 minutes a day, you will get a lifetime of jump rope fitness. Thousands of people have transformed their bodies using jump rope fitness, and I know you can spark something too!

Karl 二次創業，選擇以最擅長的花式跳繩作主題，希望透過科技令跳繩教學普及化。

　　ROJU 最初不僅獲得數碼港培育計劃支持，亦於短時間內吸納了來自世界各地的花式跳繩愛好者。到 2020 年，疫情令世界各地的健身室、運動場被迫關閉，不少人開始接觸跳繩這種可在家中進行的運動。現時 ROJU 在歐美、東南亞和香港等都有大量活躍用戶，Karl 亦有意跟世界各地的健身室和跳繩學校合作，讓 ROJU 成為訓練時的輔助工具，成為連繫線上線下跳繩愛好者的橋樑。儘管這個宏圖大計目前還處於始創階段，但已經是很了不起的成就。

# 不用別人的尺
# 量度自己人生

「追夢」和「熱血」是古往今來大眾很受落的故事主題，每當媒體有機會接觸 Karl，都不免會以這種角度切入。但現實是殘酷的，當你的興趣不能夠讓你輕易平步青雲、名成利就，心中的魔鬼就會來敲門。

花式跳繩世界冠軍屬害嗎？當然屬害，但可能只是剎那光輝，過多三五七年後大抵也沒有多少人記得。創辦跳繩學校是成就嗎？當然是，但經營這種冷門生意多半很吃力，似乎也不能「搵大錢」；那麼，推出 ROJU 程式連繫世界各地的跳繩愛好者呢？相信任何一位初創「大師」都會質疑：「有幾多人跳繩吖，快找另一個 TAM（Total Addressable Market，潛在市場規模）更大的想法吧！」

談到最艱難的日子，Karl 不諱言都曾經想過「搵番份工」，他笑說：「實不相瞞，不用到最艱難的日子，我也不時會這樣想，尤其是當以前的同學大多穩定下來。曾經有次與一位好朋友食飯，剛好他收到心儀公司聘用他的電郵，我們一齊看那封電郵，碰巧裏面有其入職薪酬和條件，看後已足夠我懷疑人生很久。」

「但長大後慢慢發現，不同生活也有其難處。」他憶述，有次到一間大型投資公司做分享，認識一位背景和年紀都跟他差不多的律師，對方說，Karl 的故事讓自己想起曾經有過的夢想，也反思現在工作壓力大之餘，卻不見得有任何意義。

「其實很多人的人生都難一刀切地以收入分高低，有些人特別不喜歡高壓工作環境，有些人卻不喜歡留白，一放低工作就渾身不自在。我很慶幸自己有機會全情投入做自己喜歡的事，至於比較這回事，我總覺得不應該用其他人的尺去量度自己的人生。」

Karl 只有廿多歲，已走過旁人都沒法想像的高山低谷，並能夠實踐上述這種哲理，已經足以證明他的歲月沒有白過。

2021 年，Karl 第二次贏得世界跳繩錦標賽冠軍，他說過，回望過去幾年，無論是做運動還是做生意，都看到自己的成長和進步。相比起金牌還是旁人眼中的成功，每一次都做得比以往的自己更好，才是成長的最實在見證。

兩奪世界冠軍的 Karl，慶幸自己有機會全情投入做自己喜歡的事。

# 不忘時間的
# 初衷

## 新晉填詞人 · 鄭敏

香港流行音樂填詞人鄭敏，2013 年香港大學中文系及新
聞系畢業。早於大學一年級時他已開始填詞，並熱衷於歌
詞評論；2015 年其作品開始見於流行樂壇，合作歌手包
括 Dear Jane、張天賦和陳卓賢等，大熱歌曲有《未開始
已經結束》及《時候不早》等，其中《時間的初衷》更奪
得第 40 屆香港電影金像獎最佳原創電影歌曲。

圖為《寧願當初不相見》的歌詞手稿，它也是鄭敏第一份進入主流音樂市場的作品。

翻看新晉填詞人鄭敏的 Facebook 專頁，覺得有一幅攝於 2018 年的照片特別搶眼，當時鄭敏正在飛機上趕工，為本地樂隊 Dear Jane 的《寧願當初不相見》一曲填詞，相中看到佈滿摺痕的草稿上寫上工整的曲調和歌詞，充滿質感。

相信不少人都有過如此經驗：飛機上不可上網，機艙封閉令人的精神高度集中，彷彿進入了「精神時光屋」，特別容易專注，在追趕工作進度時如有神助。而對鄭敏而言，與時間競賽，於短時間內交出優質作品，這早已成為他生活的一部分。

近年興起一個說法：「世上沒有懷才不遇」，意思是社會上有很多人都抱怨，覺得自己才華洋溢，未能成就一番事業只因際遇和運氣不及別人，其實這些只是為自己一事無成開脫的藉口。明明是先天資質平平，後天又不努力，卻一廂情願地覺得自己有「才」而已。

這或許是對的，但只解釋了「懷才」，至於後半部分的「不遇」，好像總是被動的、屬於大環境客觀因素，大家都假設了有「才」就自然會有際遇和運氣。鄭敏的故事將提醒大家，其實「際遇」也需要主動創造和追尋，並不是有「才」就可水到渠成。

# 由零到一
## 逐步累積作品 ——

鄭敏在港大主修中文和新聞,一邊修煉文字功力,一邊通過傳媒的實習訓練去接觸填詞業界。

鄭敏出身香港大學新聞系,他一早便明白報道文體和語文創作有分別,而且熱衷填詞,深知自己不會當一位記者,但新聞系卻賦予了他廣闊的社會視野。

某年暑假,鄭敏在某份免費報章擔任實習工作,時值香港書展,鄭敏發現那一年有很多填詞人出書,包括小克、林寶、喬靖夫等著名詞人,於是大膽說服當時的老闆,特別製作一個關於填詞人出書的系列專訪。這次經驗,未必直接教懂鄭敏填好詞,卻令他結識了一些填詞人。而鄭敏的畢業功課也順理成章的找填詞人作深入訪問,當時的受訪對象是陳詠謙。

鄭敏畢業後,他既有填詞經驗,又認識填詞人,似乎可以「入行」當上全職詞人?他分析:「填詞人不是有履歷或人際網絡便可以成功入行,我認識的這些前輩,每個人入行的方法也不同,根本沒有軌跡可尋。」

　　於是，鄭敏的第一份工作還是到廣告公司上班，從事創意行業。他坦言，生活水平也是重要考量，負擔不起全職當詞人，而且他不想在生活受壓力的情況下填詞，認為這樣不會出產好的作品。不過，鄭敏從沒有放棄「詞人夢」，他在網上開設社交平台，分享舊曲新詞，引來不少人注意，甚至帶來不少工作機會，慢慢地，鄭敏當起網絡填詞人，亦累積了自己的作品集。

鄭敏在廣告公司接觸了各行各業的人和意念，也為他的創作帶來新構思。

# 捕捉隙縫中的
# 未知機遇

　　網絡填詞人畢竟不隸屬任何唱片公司，還未能穩定地接到填詞工作。鄭敏覺得時機成熟了，於是再次聯絡陳詠謙。比起畢業那一年，鄭敏已經累積了更多網絡曝光率，陳詠謙也樂意為他牽線，但這只是開端，並不等於就此「入行」。

　　後來，鄭敏等到一個機會，但不是為香港的歌曲填詞，而是一首來自馬來西亞的歌。鄭敏說：「大概是該位歌手着急要找填詞人，又沒有很多選擇，便想試用一下新人。後來這首歌填好了，馬來西亞公司也採用，合約也簽好，卻沒有發行。」

　　雖然那首歌沒有面世，但鄭敏對填詞的熱誠已獲唱片公司肯定，對方遂與鄭敏正式簽約，成為公司旗下的填詞人。然而，這仍不等於可以有源源不絕的填詞機會，鄭敏解釋：「唱片公司把我的名字與其他填詞人一併放上名單，供經理人或眾多 A&R（Artist and Repertoire，藝人及創作部）選擇，卻不保證有機會，因為即使是同一唱片公司的歌手，也會考慮自身歌曲適合哪些詞，亦希望在唱片公司範圍外找新的火花，所以我沒有特別優勢。」

　　不過，鄭敏的優勢不在於是否有後台，而是他很擅長在隙縫中找到曙光。

# 失敗是過程
# 關鍵是嘗試

在華語樂壇中，原來中國內地或台灣都會廣邀填詞人「比稿」，即歡迎沒有唱片公司背景的人投稿，因此填詞人有較多「被看見」的機會。香港唱片界則沒有這樣的傳統，一般都是唱片公司或創作團隊主動邀請合適的填詞人合作。

但，有一個例外。

假如有些填詞人答應了交稿，卻在最後一刻因各種原因無法完成，又或唱片公司「彈稿」，基於時間緊迫，唱片公司便會四出找人比稿，填詞素人的機會之門便打開了。可是，這些填詞工作的條件通常都很苛刻，例如數十個小時內便要「起貨」。須知道，填詞是甚具挑戰性的創作，受限於曲調和歌手唱腔，絕不是填字遊戲般簡單。這樣的比稿，鄭敏卻很樂意參與。

終於，一首熱門歌曲的續篇需要臨時找人比稿，鄭敏大感錯愕，因為那首歌十分受歡迎，它的續篇也必然是各大傳媒爭相播放之選，他竟然受邀填詞，並要求在兩天內交稿。

儘管時間緊迫，鄭敏的廣告公司正職也十分繁忙，但他依然決定硬着頭皮一試。最後，鄭敏順利在限時前交了稿，可惜唱片公司還是決定採用原來填詞人的詞。

算是功虧一簣嗎？

鄭敏的作品集覆蓋面廣泛，由主流情歌到熱血激昂歌應有盡有。

「*其實我不覺得那一次是失敗，那只是一個過程。我交稿前已知道機會渺茫，但我覺得怎樣也要一試。*」

很多有才華的人，不一定會在隙縫中仍堅持自己要被人看見；但好的際遇，其實需要自己主動創造。

的確，經過這次比稿後，跟收到詞的創作團隊更熟稔，往後開啟了更多合作機會。更重要的是，透過這次經歷，鄭敏得以直接比較自己和另一位填詞人的風格，令他反思是否需要調整詞風。

鄭敏的詞風一向文縐縐，文藝而偏中性，例如關於情歌的詞，對象男女皆可。後來，他填詞時轉為「以唱為先」，即首先從歌手角度出發研究其風格，甚至思考怎樣的詞可以幫助那歌手演唱，才下筆填詞。

這種改變，反映於鄭敏近年不少頗受歡迎的作品，例如周國賢和樂隊 ToNick 合唱的《時間的初衷》，鄭敏透露，他是刻意把詞寫得爽快、激情一點的。

另一例子，就像歌手張天賦的《時候不早》，以簡約輕快的詞風襯托一個年輕愛情故事，但歌詞中原來有多重意義，鄭敏解釋，這首歌實際上還探討了離別、移民，講分道揚鑣要好好擁抱。如何適應市場，又想帶出自己想說的訊息，看來是新一代填詞人必備的自我修養。

# 「時代的初衷總要守」

　　新世代填詞人於這個被嘲為「樂壇已死」的時代仍然努力創作，卻總會被拿來與上世紀八九十年代「樂壇盛世」的詞人比較。例如數年前詞人陳詠謙便被網民批評其詞不及格，語法又有歐化之嫌，更表示「林夕黃偉文就唔會咁」云云。

　　與上一代作比較似乎無可避免，例如唱作歌手 Serrini 在回應陳詠謙遭聲討一事時，曾經這樣描述兩代填詞人：「如果林夕的『失戀就不如看破紅塵』詞作可以比作暖水、周耀輝的華麗自強是 sparkling water，那麼黃偉文的『失戀自強』歌就是 kale juice 加 chia seed，而陳詠謙的《小問題》就是喜茶的全脂奶蓋士多啤梨果汁；喜茶跟《小問題》相似之處也在，有人罵，但更多人買。」

　　鄭敏也笑言：「以往，全香港的愛情歌都是由兩個人寫。」他口中的正是林夕和黃偉文兩位前輩。與其不斷做比較，鄭敏反而想點出兩個年代的大環境差異：「以往唱片業繁榮，一個有名氣的填詞人一年可能會填 200 首作品，他們習慣了商業大規模運作，可能七成作品都是『即食』歌詞，以應付客戶需求為主，另外三成才是精品，或自己想寫的作品。」

鄭敏（前左）獲填詞大師兼港大師兄周耀輝（前右）邀請，到浸大的人文及創作系分享經驗。

「這和現在很不同，現在一年沒有那麼多機會填詞，可能每首都需要是精品，而且很少填詞人可以全職靠填詞維生，一般都有其他工作在身，所以整個創作模式截然不同。」雖然如此，但大眾依然會直接比較兩代填詞人，令年輕填詞人經常陷入輿論風眼之中。

話雖如此，鄭敏慶幸活在新時代，因為新一代唱作人不需要依靠唱片公司，獨立樂隊或音樂人在網絡平台發佈歌曲，也可以有過百萬點擊。他認為這是好事，也希望音樂製作可以持續「去中心化」，令大眾可以認識更多新晉歌手和填詞人。

此外，時下的日常用語也持續衝擊着鄭敏的填詞風格，他提到歌手柳應廷的歌曲《MM7》，其實是中文速成輸入法的「正」字字碼，也屬於新一代「潮語」，假如不持續學習，根本難以趕上社會變化。

去中心化的音樂創作流程，加上社會不斷演化，鄭敏直言，即使香港樂壇「復興」，也不會是以往的模樣。展望將來，鄭敏說現在已經有很多曲詞作品回應了社會現況，例如不少關於移民的作品。

　　「我們已經回應了留下來的人應該如何，那之後呢？」

　　香港近年面對巨變，社會的上流階梯也不如以往般有共識和透明，大家可能有時也會洩氣，不知道還可以成就些甚麼。但鄭敏的故事告訴我們，只要有些少窗口甚或隙縫，只要緊握初衷，努力主動製造機遇，每個人都可以創造屬於自己的天地。

幾代音樂人和創作人，由林夕（中）、林二汶（左二）到林家謙（右二）、鄭敏（右一），每一代都各有機遇和挑戰。

# 文創篇

## 與自己來一場 小革命

我們常說要改變社會，但畢業後數年，通常已經「認命」放棄。社會結構本來就穩如泰山，愈成熟的社會，制度愈牢固，要改變，不可能一朝一夕。追求社會創新，應是由改變自己、鼓起勇氣走出第一步開始。創造不一樣的產品，走一條不同的路，把專業知識用於新範疇，這些創新者的連續小革命，可以帶領社會由量變到質變，推動城市向前。

# 攜科技走入
# 革命性
# 建築實驗

## 建築設計師 · 吳鎮麟

「LAAB 實現室」共同創辦人兼創作總監吳鎮麟（Otto），
2007 年香港大學建築學系一級榮譽畢業，隨後到美國麻
省理工學院深造。回港後先到數間大型跨國建築師樓工
作，至 2013 年時決定自立門戶，創立 LAAB 實現室，旗
下作品涉獵多個範疇，包括室內設計、建築、展覽等，
代表作品包括 K11 MUSEA 中庭特式空間、「309 呎變形
屋」Small Home Smart Home、港交所「香港金融大
會堂」等。

相信不少讀者的父母輩都是「50後」、「60後」，他們那一代人普遍都對「專業人士」有特殊的嚮往，認為專業人士「薪高、糧準、工作穩定」。

從「50、60後」成長的年代看，這也是不爭事實，他們屬於戰後嬰兒潮的一代，讀畢大學便碰上香港經濟騰飛的七八十年代，社會急速發展，對各類型專業人士如律師、會計師、建築師等需求很大，不愁工作機會。到他們累積了數年工作經驗，又遇上八十年代末的移民潮，很多人因此「年紀輕輕」便上位擔大旗，生活條件也大幅改善。

但到了我們這代千禧年代尾的大學生，專業人士的「神話」彷彿變成了都市傳說。每次與在不同專業界別打滾多年的朋友聊天，最常聽到的一句話便是「好似畀人呃咗入行」。作為本港新生代建築師代表人物的 Otto 也不諱言：「我在香港大學建築系迎新營，已經有師兄叫我離開建築界，這倒算諷刺。」

箇中原因不外乎建築業的入職條件不吸引，工時長到積勞成疾亦時有所聞，更重要的是好像無法從工作中得到成功感，建築公司和行業規範甚多，能實踐理想的機會少，晉升機會更是可望而不可即。

當然，相比起七十年代，如今香港的社會型態和經濟結構已經有翻天覆地改變。與此同時，隨着互聯網甚至人工智能的誕生，全世界於近 20 年邁進了人類歷史上罕見的大時代，有人更稱之為「第四次工業革命」。面對這些巨變，究竟是香港專業人士的坦途已經走到末路，還是剛好站在另一個黃金時代的起點？相信 Otto 的故事或多或少可帶來一點啟示。

# 熱愛電腦編程的藝術家

Otto 畢業於本地傳統名校喇沙書院，之後選擇入讀香港大學建築系，畢業後再到美國麻省理工進修碩士課程，這份亮麗履歷可謂典型成功專業人士的楷模。

但回想年少時，Otto 原來不是把建築師視為人生目標。「我喜歡設計創作，同時喜歡電腦和編程，所以中學階段很多校際活動的海報及網頁都是我設計。」跟他同級的港大建築系同學中，較少人曾接觸編程。之後港大建築系進行課程改革，加入更多科技元素，Otto 其後也當過幾年助理教授，負責教導學生如何將編程技術應用於建築和設計。

除了在港大讀建築，Otto 也曾到美國進修，亦在歐洲工作過，期間明顯感覺到整個行業處於一種新舊交替之間。

*「以往科技在建築或設計的應用上都屬於輔助性質，一來因為當時技術沒有今天成熟，二來行業內傳統一派只會把電腦或者軟件視為呈現建築師想法的工具，少有利用編程、人工智能技術參與思考設計的過程。」*

Otto 喜歡電腦和編程的背景，加上他赴美讀碩士的幾年間，當地興起以編程作為建築設計的基礎，解決很多複雜的結構形態、物料應用、建造製作等問題，電腦

圖為 Otto 在麻省理工時的概念作品「Powerscape」，提倡在沙漠建造大型太陽能天幕，藉此取代化石燃料在能源供應和支撐經濟的角色，同時令沙漠變得更宜居。

編程與建築設計這兩個一般人看來南轅北轍的興趣突然大派用場，他在麻省理工的日子亦很自然地醉心研究這範疇。

在美國讀畢碩士後，Otto 亦一度有疑惑自己發展方向的時候。「美國的教育不像香港般以職業為中心，當年很多同學都沒有以成為建築師為目標，最後有的從事科技行業，有的成為 UX、UI 設計師，有的當教授或研究員，這跟香港教育對事業的想像有很大差別。」

# 由零到革命性建築實驗

　　回港後，較「正路」的選擇就是進入大型則樓工作數年，然後加入政府或發展商。可是，Otto 認為*自己從大學裏所學會的創作模式着重好奇心、批判式思考，以及實驗性的過程，難以應用於傳統則樓的工作模式*。於是，Otto 毅然與朋友創立 LAAB，糅合實驗與實現，以發明者精神為核心價值，以多元化團隊為企業基礎，爭取在狹窄空間裏實現一些對社會有意義的創作。

　　2016 年，Otto 和他的 LAAB 實現室，憑着一個 309 尺家居設計項目「Small Home Smart Home」嶄露頭角，獲得不少國際獎項，同時，他亦積極參與大大小小的展覽。而往後的設計項目，包括將灣仔碼頭拆卸時回收的舊木重組為 T.Cafe 餐桌椅和裝飾、蜚聲國際的 9GAG 辦公室設計、為元朗 Yoho Mall 商場設計的公共休憩空間「Playscape」等，讓 Otto 和他的團隊漸漸進入香港大眾視線。

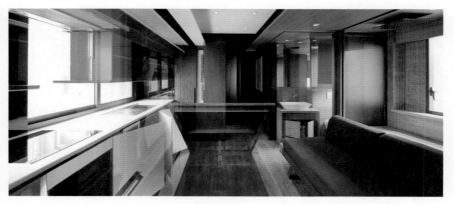

LAAB 實現室的成名作「Small Home Smart Home」，以科技活用蝸居內每一寸空間，顛覆了傳統家居設計概念。

　　但要數近年令 Otto 聲名大噪的得意之作，肯定是 2019 年有份參與的新世界發展 K11 MUSEA 設計項目。回想當年團隊雖然只有十數人，公司規模無法跟行內的大型建築公司比擬，但新世界卻非常喜歡 Otto 團隊的創新風格，給予資源、時間和信任讓團隊不斷完善作品。Otto 說：「整個 MUSEA 的設計概念都是圍繞 Urban Nature，很希望透過空間設計帶出香港獨有的城市特質（City Nature），並融入不同大自然元素（Nature Elements）。我經常覺得，香港的小食亭、巴士站、電梯、天台、中庭等都有特殊的文化特色，因此參與 MUSEA 不同部分的設計時，也希望呈現這些特質和感覺。」

　　K11 MUSEA 中庭頂層備受注目的弧型線條天花設計，正是 Otto 使出渾身解數之作，他透露，當年因為要達到很多結構規例的要求，天花要預留兩個通空的圓形，所以沒有採用像其他大型商場般的工整設計。「我們希望整個天花以至中庭都以一種雕塑的形態出現，緊扣博物館的主題，所以整個結構都以曲線組成，而且每一條曲線都是獨一無二。」

Otto 在美國麻省理工深造的經驗，助他將人工智能和編程融入自己的創新過程。

K11 MUSEA 的弧型線條天花設計（上圖），
需要以嶄新軟件輔以特殊編程來協助製作設計方案（下圖）。

在他眼中，一個如此大型的建築物，一方面要平衡力學和消防法例等要求，另一方面要做到每條曲線都獨一無二，就肯定不能人手設計，所以基本上整個設計需要以嶄新軟件輔以特殊編程為基礎，才能製作設計方案。而選擇物料和施工過程均引進了很多世界最先進的科技協助。

「其實新世界也多次討論回歸比較簡單的做法，但幸好他們集團的行政總裁 Adrian（鄭志剛）最後選擇堅持下去，才能成就如此富香港特色的建築和空間。」Otto 總結道。

LAAB 作品常以創新方式演繹香港地標，近期作品包括港交所「香港金融大會堂」。

# 創新與堅持之間

　　每次提起自己團隊，Otto 都有一種難以掩飾的驕傲。他形容：「**我們團體很重視創新（Innovation），這不單指科技應用上的創新，也強調文化上的創新，希望在建築和空間之中，以意想不到的方式呈現香港的文化意義。**」因此有別於其他建築師樓只專注於一兩個範疇，Otto 笑言自己公司業務「好雜」，負責的項目遍及住宅、商場、酒店、辦公室、展覽、公共休憩空間等，但不同作品之中，總能找到共通的設計特質和理念。

　　提起近十年科技企業發展蓬勃，恰巧 Otto 也懂編程，問到他有沒有想過離開建築師的崗位，建立自己的科技團隊，開發例如設計軟件之類？他坦言：「其實不是沒想過，但對比起開發軟件，讓用家在框架內製作大同小異的設計方案，我似乎更享受每一次創新的過程，透過作品帶給人驚喜。」

　　不斷強調創新的 Otto，唯一不變的似乎就是他對創新的堅持。

　　相比起早一兩個世代的專業人士，新一代所身處的社會背景固然大不相同，但要下結論說「專業人士神話不再」，似乎也言過其實。面對新科技帶來的變革，只要大膽擁抱時代轉變，我們其實也有能力創造自己的傳奇。

　　革命不一定是豪情壯志，堅持每天都與自己來一場小革命，或許也是值得借鏡的處世之道。

孕育出無數極具創意設計項目的 LAAB 實現室。

# 鯉躍旋轉門
# 推動社會前進

## 跨界倡議者 · 陳智遠

本地文化企業「活現香港」共同創辦人陳智遠（Paul），
2001 年香港大學法律系畢業後，先後到中文大學和倫敦
政經學院深造，並熱衷於在各大媒體評論時政；2008 年
獲政府委任為食物及衛生局局長政治助理，成為當時年紀
最輕（28 歲）的問責官員。其後離開政府創辦「活現香
港」，致力推廣本地文化深度遊及可持續旅遊，積極提倡
歷史建築保育，也是港產片《緣路山旮旯》及紀錄片《尚
未完場》投資者之一，以電影推廣本地旅遊及文化景點。

外國以政治權謀為主題的網劇或電視劇，總是描寫主角與他人之間的齟齬權鬥，當然少不了出人意料的柳暗花明或奇峰突出橋段。而這類劇集中，經常會出現一種通天老倌般的角色，若以美國白宮劇為例，最典型的就是總統身旁的 Chief of Staff（幕僚長）了。

幕僚長是白宮的「萬能俠」，由總統演說到暗地向議員拉票，以及跟傳媒建立良好關係，幾乎都由他一手包辦。因此幕僚長通常都「坐唔定」，幾乎不能簡單地用一個職位頭銜去界定其功能，而其存在價值（影響力）也遠遠大於單單一個行政職位。

在香港，出身自社會科學院的人（社科人），通常都擁有良好溝通能力和廣闊社會視野，也對不同階層存有同理心；而在政商界的出路，較多是法律界、媒體、政府及公營機構，又或者非政府組織（NGO）。但社科人往往覺得所在界別不足以定義自身的社會價值，認為工作不應只局限於單一行業和職階，而該是流動且富有活力的。

港大法律系出身的 Paul，發現相比起翻閱法律文件，自己更喜歡跟社會接觸交流，因此決意轉跑道，奔往另一條充滿未知的路。

# 公民社會型
## Slasher

　　進入千禧年代後，香港的公民社會發現社會各界別之間需要一個敞開的空間促進流動性，不同界別都可以在這空間得益，而從這空間走出來的人便是社會專屬的通才，上述概念稱為「旋轉門」（Revolving Door），由一班智庫研究員和學者提出，而 Paul 正是其中一位提倡者。

　　對於港大法律系畢業的 Paul 來說，「旋轉門」不只是他向社會提倡的一套概念，他本人也是實踐的先行者，畢業後約廿年來總能勝任不同崗位，並且都可以帶來不同類型的社會創新。

　　Paul 是典型的優異生，考進港大法律系，成績不俗，出路理應就是港人念茲在茲的專業人士，從此「鯉躍龍門」。不過，在學期間正值香港回歸後不久，前有金融風暴，後有沙士，屬多事之秋，Paul 十分有興趣去認識和理解這些社會事件，但總覺欠缺應有的「知識工具」，於是在讀法律學位的基礎上，不斷修讀社會科學的學分。此外，他發現自己較喜歡與社會各界交流多於面對法律文件，從此決意不走法律專業的坦途。畢業後，他考入中文大學政治與行政學系修讀哲學碩士，轉走另一條充滿未知的路。雖然方向未明，他直覺上卻相信這是最應該走的路。

　　往後幾年，他一邊深造，一邊在大學教書，同時在媒體主持時事節目，也不斷撰寫文章評論時政，在公民

社會嶄露頭角。今天我們很習慣「Slasher」（斜槓族，不滿足於單一職業的工作模式，選擇有多重職業及身份的生活）這種工作態度，但在 2000 年代，這不容易得到別人理解，而 Paul 明顯樂在其中：「我的工作不僅在時間分配上極有彈性，而且可以令我在最短時間內接觸各行各業，我很享受。最開心的是，我更申請了到英國攻讀一年比較政治學（Comporative Politics），那年我不斷旅行，擴闊了國際視野。」

念念不忘，必有迴響。Paul 做學術研究的同時，不斷發表文章評論相關制度，而他在中大時寫的論文正是專門研究「政治委任制」，即後來香港政府倡議的「高官問責制」。回歸以來，政府多次表明應引入「問責制」，一來要求官員為政策「問責」，二來可以吸納公務員體系以外的政治人才，希望成為政界、商界和公民社會之間的「旋轉門」。至 2008 年，特區政府正式擴大政治委任制，廣邀社會各界加入並擔當新創立的「副局長」、「政治助理」等職位，而 Paul 則是政治助理的候選人。

## 問責制先河
## 最年輕政助

當年香港社會普遍懷疑問責制，而且政治助理等薪酬水平高，起薪點逾 10 萬港元，公眾質疑為何他們可以享有首長級水平待遇。已知進入政府「熱廚房」定必萬箭穿心，陳智遠還是決定加入，背後基於兩個原因：「一項政策由研究、確立到落實，我都可以參與其中，

我覺得這是歷史及命運的安排。整個問責制也才剛成形，即代表仍然有很大可塑性，這是難得機會去參與改變體制，也符合我讀社會科學的初衷。」

當人們未踏進體制，不了解內部的實際運作和限制時，總會對事情抱有浪漫的想像，並往往會導致失望。*Paul明言：「我希望加入體制，近距離認識其運作，儘管現實政治有時很不如理想甚至殘酷，但只有透徹理解世界的真實運作，才有更大機會推動切實可行的社會改變。」*

到 Paul 正式出任食物及衛生局局長政治助理一職，果然，履新第一天便登上報紙頭條，被媒體放大其年紀輕和資歷淺，他笑說：「究竟天下間有哪一份工作，未上工便令你上報紙頭條？」

Paul 於四年政助任期內，最高興的是推動了一些良好政策，協助香港社會前進。

Paul 回憶，當年與時任局長周一嶽醫生及副局長梁卓偉教授並肩作戰，每天都要接觸大量持份者，由醫生到菜販，需要花很多時間溝通。而且，這份工作很依賴軟技能去解決問題，例如要拿捏事情發展的時機、掌握人與人之間的關係等，令他感到，政治學雖叫作 Political Science，但政治工作必然不是科學，而是一門藝術（Arts）。

他又自豪地說：「食衞局應該是當年要處理最多危機的部門。」而要數在任期間最難忘一役，應是豬流感危機。當年香港社會經受過沙士洗禮，遇上疫情時如驚弓之鳥，Paul 形容：「有墨西哥（來港）遊客確診豬流感，我們採取快速行動，幾小時內決定是否封酒店、如何封、如何疏導人流、如何善後等等。慶幸最後公眾評價不錯。」怎樣處理疫情，是回歸後香港社會的一大命題，相信近年大家已有更深一層體會。

至於任內讓他最高興的，是當年推動了一些良好政策，例如 Paul 協助推動的控煙政策、落實香港水域禁止拖網捕魚、增加煙草稅，以及通過了食物安全法案等等，即使是接近十年後的今天，它們依然生效，亦確實地推動香港社會前進。「四年政助經歷，學到了現實的殘酷，但更要學會如何在困難中仍能促進改變。」真正讓人成長的，不是年月，而是經歷。

上網搜尋一下，不難發現 Paul 在擔當政助前曾接受過一次訪問，題為《陳智遠：我的筆如何令社會向前進？》，當年他推動社會前進的方法是寫文章。

經歷了四年政助生涯，Paul 再次面對同一問題，不過變為「如何透過自身學到的寶貴經驗令社會向前

進？」結果他決定不續留政府，而是航向新領域。「工作一時，但體驗卻跟一世。所謂的旋轉門，正是可以透過自身經歷，到另一個崗位發揮價值。」

在 2010 年初，香港發生了「導遊阿珍事件」引起公眾譁然。事源一位香港導遊強迫內地訪港旅客購物，言詞態度惡劣，被人拍下影片放上網，激發極大迴響。*Paul 亦對事件有很大反應：「我看不過眼。旅遊跟一個城市品牌形象息息相關，真正可以吸引旅客的不應該只是購物商店，更應提高整體城市文化吸引力。」*他因此決定創業，與友人成立了本地文化旅遊公司「活現香港」（Walk in Hong Kong），期望透過舉辦深度文化導賞團，令旅客體會到香港的文化底蘊和歷史建築。

離開官場後，Paul（右）創辦本地文化旅遊公司「活現香港」，專攻深度文化導賞團。

# 推動保育皇都
# 成功之後的領悟

Paul 身體力行保育皇都戲院，包括開辦以該建築為主題的導賞活動，以匯聚民意。

Paul 認為，香港社會對於推動保育和文化，一直以來都只停留於義務工作或非政府組織層面，沒有實質經濟誘因支援。因此，活現香港決定自負盈虧，以商業運作模式為本港的文化經濟探路。

2015 年，有財團開始收購北角皇都戲院大廈業權，準備重建。大眾開始擔心，皇都重建後會否面目全非，因為它不僅是具特色的建築物，更承載着香港的集體回憶：上世紀五六十年代不少國際著名表演者都在此演出；而且北角俗稱為「小上海」，有大量南移到香港的上海人在此延續文化生活，皇都便是主要舞台。

儘管皇都兼具有形與無形價值，卻只獲古物古蹟辦事處評為最低級別的三級歷史建築。民間保育呼聲四

起，但無計可施。Paul 於是帶領活現香港發起「活現皇都」保育運動，發表《舊皇都戲院文物價值評估報告》，並邀請當時還在世的知名藝人曾江大談皇都集體回憶，又舉辦導賞團和展覽，把民間的聲音變得情理兼備。

*Paul 分享當時的數個戰略關鍵：「最重要的不是只懂得高呼保育口號，而是確實找到提高建築物的生存條件，提供一套文化經濟的保育方案，以及知道應游說哪些主要持份者。」* 活現香港以一間私人企業的身份，終於成功推動了一場大型保育運動，更建立了香港保育模式。

如何掌握時機，找對的人，Paul 是熟能生巧，他謙虛地說：「其實這些工作性質和上一份工，做政治助理差不多，只不過是換了位置。」謙遜的背後是因為了解現實和限制。

發展商最終決定收購後全力保育皇都戲院，其著名的桁架建築結構（俗稱「飛拱」）亦獲原封不動保留，並會提供藝術表演場地。

「掌握了民意支持，提供了文化經濟方案，而發展商也的確有文化視野接納了主流民意，三者合一，成功為皇都走出一條活路。」藉着皇都保育事件，Paul 認為已經找到了香港的保育軌跡，可以為後來者提供「路徑依賴」。

「皇都戲院一役算是創造了保育香港城市文化的社會條件，不論是前深水埗（主教山）配水庫還是彌敦道 190 號戰前洋樓的保育運動，都隱隱然跟隨此模式。」

# 香港下一代的旋轉門

近年香港變化巨大，因為疫情與外間失去了連結互動，Paul 指出，是時候真正為香港重新定位，創造一個令人得到啟發和無窮靈感的城市品牌，以文化展現城市靈魂。他更想藉着自身經歷，鼓勵多些年輕人參與文化產業，講出香港的故事。

「香港需要多些人視文創發展為志業，令年輕人覺得，把職業生涯放在文創發展是踏實可行的路，不必怕沒有將來。」

Paul 涉獵的項目多不勝數，不論是義務的保育行動，還是各種主題的本地文化深導遊，例如以已故音樂人黃霑的成長足跡為題，深度探討香港流行文化的演變的深水埗導賞團；更有公私營合作的策展項目，譬如大澳文物酒店青年大使計劃、堅尼地城卑路乍灣海濱休憩用地的設計構思工作等。目標始終如一，就是改變香港的文化旅遊生態和展現城市文化。

他近年更走入娛樂產業，投資和客串了港產片《緣路山旮旯》，以電影結合實體深度遊推廣本地旅遊及文化景點。該齣戲作為一部香港愛情小品，題材圍繞本地景點和故事，結果錄得破千萬票房，以行動去展示如何顛覆及啟發同業重新思考香港文化的發展。

Paul 希望逐步改變香港的文化旅遊生態，以向世界展現這個城市的獨特文化。

「很多時候我們會被一些手段和方法主導了，然後忘記了當初的目標。雖然我們做導賞團起家，但我們不是搞旅行社，而是文化旅遊創意企業。只要是能夠改善香港旅遊生態或提升文化影響力，不論是義務和牟利，還是教育和社區工作，我們都會做！」

Paul 演活了旋轉門概念，從社會科學的訓練中實現對社會的幻想，轉到現實社會運籌帷幄掌握時機和人脈；由官場改道往社會文化企業；由開辦導賞團進而涉足歷史建築保育。他為社會產生的價值，將令年輕人放心走一條不屬任何界別的道路，逐步憑自身獨特經歷和經驗，推動自己以及社會向前邁進。

# 先跳下海
# 才慢慢游泳

## 創作者平台創辦人 · 梁珮珈

創作者平台 AnyoneLab 共同創辦人梁珮珈（Rebecca），
2015 年香港大學社會學系畢業；在學期間已開始創業，
曾分別創立市場推廣及科技公司。畢業後加入剛起步的台
灣初創旅遊電子商務平台 KKday，年僅 24 歲已成為東南
亞區域總監。2019 年因厭倦平穩而辭職，並出版了《勇
敢，就能擁抱世界》一書分享自己的心路歷程。目前正努
力經營面向創作者經濟及區塊鏈項目孵化的平台業務。

荷里活電影有所謂的「三幕劇結構」（Three-Act Structure），指把故事編排成三部分：佈局（Set Up）、衝突（Confrontation）、解決（Resolution）。佈局是交代主角所在的世界觀，衝突則描寫主角面對的反派以及外部環境張力，解決通常體現於主角如何征服反派，最後令世界變得更理想。除了電影，媒體都愛用如此引人入勝的結構來撰寫科技初創故事──

**佈局**：創業者出身平凡，畢業後在做着一份因循無聊的尋常工作。偶爾發現一個問題，沒有想太多，就毅然辭職創業，一心想解決該問題。

**衝突**：滿腔熱誠創業卻碰上現實考量，例如需要找投資者、學習如何管理年輕衝動的團隊、還會遇上市場需求未如理想、競爭者提出法律訴訟等等從來沒有遇過的問題。創業過程中的大反派就是殘酷的現實。

**解決**：創業者排除萬難，終於找到市場需求，得到融資，最重要是產品的創新意念改變了千萬人，為社會帶來深遠影響。

Rebecca 的經歷，正好是個盪氣迴腸的初創故事──出身於天水圍屋邨學校，沒有父幹，沒有特異功能，大學畢業時卻不甘跟隨主流，決定單人匹馬到台灣闖一番，加入當時還處於草創階段的 KKday，成為該公司的天字第一號海外員工。

Rebecca 成為 KKday 開業以來第 33 位員工，也是香港市場的開荒牛。

初創的世界不像烏托邦，而是連串痛苦的開端。Rebecca 從台灣回到香港市場開天闢地，一切由零開始：替辦公室塗漆油、跟輕視 KKday 的廣告客戶談合作、與工程師討論改善電商平台、一手一腳做公關宣傳，她和幾位年輕同事硬是把這個來自寶島的初創品牌打進香港人視野。

努力不一定有成果，但碰上創科熱潮，加上 Rebecca 開朗健談，對創科知識倒背如流，很快便成為媒體寵兒。KKday 業務蒸蒸日上，融資節節順利，Rebecca 在 23 歲時已成為該公司的香港區話事人，24 歲更當上東南亞區域總監，常常飛往泰國、菲律賓、馬來西亞領導當地同事。

憑着這份漂亮的履歷表，Rebecca 儼然是本地初創故事的代表，她亦把那幾年的工作經歷，收錄在其 2019 年出版的《勇敢，就能擁抱世界》一書內。

如果是荷里活電影，應該沒有比這更像超級英雄故事的結局了。職場上，她如此豐富的工作經驗也是所向披靡，可預期未來在創科領域發展將會如魚得水。

不過，Rebecca 竟然選擇在職涯高峰時辭職。 勇氣的續集，原來不是一部三幕劇，而是回到充滿了抉擇和未知的人生。

Rebecca 在 24 歲時當上 KKday 的東南亞區域總監，常常飛往泰國、菲律賓、馬來西亞工作。

# 「當事情穩定
# 就不再需要我」

原來 Rebecca 早在 KKday 快速擴張時，已經萌生辭職的念頭：「我是 KKday 的第 33 號員工，雖然見證了公司成長到第 1,000 人，但感覺做的事情有點重複。在電商的世界，每天要跑的是營業額。開始時達成目標很興奮，但時間久了，多少會質疑意義何在。而且，公司逐漸擁有各方面的人才，似乎當一件事穩定下來，已經不再需要我了。」

*於是 Rebecca 在 2019 年中決定裸辭，沒有任何計劃和目的地：「決定先跳下海才慢慢游泳。」*

Rebecca 當初選擇 KKday，是因為自己喜歡旅行。離開旅遊業務後，哪一個行業令她覺得好玩？答案是娛樂事業。「經過思考後，我發覺自己想做與人有關的工作，尤其是人工智能即將來臨，人的價值是甚麼？娛樂圈便是很好的平台去讓我探索。」

於是，她加入了一間傳統娛樂公司擔任 Digital Lead，負責推動娛樂數碼化。

該家傳統娛樂公司並未跟上數碼化的潮流，例如沒有把藝人在各範疇的表現量化為大數據，對於投放在藝人身上的資源亦無嚴謹計算 ROI（Return On Investment，投資回報率），甚至沒有在網上社交平台開啟收入功能，白白浪費了上載到互聯網的娛樂內容。不過，Rebecca 把這些問題視為機會，她說：「這證明了眼前是一片藍海。」

Rebecca（前排左）看見公司漸上軌道後，毅然選擇放下，重新奔向未知。

# 騰訊只代表
# 中國人口 0.1%

Rebecca 全面負責公司的數碼娛樂分支,而且要開
拓中國內地市場,例如巡迴全國舉辦海選,招募全球有
才華又有夢想的「00 後」華人,挑選精英再組成男團、
女團。Rebecca 回憶當時經歷,不禁笑起來:「那時每
天都要看很多表演和聽很多歌,大概一天 50 首吧,後
來我練成只要聽首兩句,便知道那位歌手有沒有潛質的
特殊技能。」

畢竟對於娛樂事業一無所知,Rebecca 要比別人更
多一份專注和留心,找方法令自己快速上手,除了看很
多書,亦跟很多來自世界各地的星探和經理人交流,從
中學到國際頂級男、女團的成功方程式,譬如要找有不
同性格和背景的成員加入,以打動不同的觀眾群,也令
她明白到,市場策略有時比起歌藝或表演技能更重要!

另一樣令她印象深刻的,是中國內地每個省、市也
有不同的工作文化,跟不同省份的人合作時都有不同溝
通方法。Rebecca 有這樣的體會:「我們知道近年中國
的創科發展十分矚目,但即使在科技行業,走出五大科
企,其他中小型科技公司的工作文化和做事方式都參差
不齊,甚至不時有道德操守問題,有位朋友跟我說,『騰
訊所代表的只是中國人口的 0.1%』。」

她又察覺到,內地城市和農村的娛樂發展很不一
樣。農村有自成一格的經濟體系和娛樂邏輯,科技發展
參差,使用的平台也不一樣;農村人民的綜藝口味和喜

歡的偶像，也跟「北上廣」這些城市截然不同，同一套
行銷推廣策略不能在全國通用。

　　之後由於疫情關係，在內地的海選活動被迫暫停，
Rebecca 因此返回香港，反而得到機會為一隊男子組合
舉辦了亞洲首個虛擬演唱會，其間把之前吸收到的經驗
一併應用，令點線面連結起來。

Rebecca 在機緣巧合下，為一隊男子組合舉辦了亞洲首個虛擬演唱會。

「如果現在不去創業，未來都不會創業了。」

Rebecca 獲得寶貴的娛樂圈工作經驗後，那顆不甘現狀的心又作祟，她又打算奔向另一個行業了，不同的是，今次她是自行創業。她坦言：「在娛樂公司久了，發現很難憑一人之力徹底改變行業的生態和發展，卻令我得到啟發，決意要做與『人』相關的事業。另外，年紀大了，怕自己將來沒有勇氣創業，如果現在不開始，未來可能沒有機會了。」

有別於 Rebecca 早年加入的初創公司，成功獲得數以億元計的融資，如今她沒有把融資或 IPO（上市）作為自己創業的終極目標，只希望達到心中想成就的事情，她給予自己的時間是十年。那她心中想成就的又是甚麼呢？

「我希望在人工智能的年代，更加放大『人』的價值及創造力。創作者經濟的本質，正是每個人都可以按照自己的熱情工作。」

Rebecca 看到人與人之間的可能性，決意與同伴創辦平台，助創作者發掘自身價值。

於是 Rebecca 與創業夥伴 Kate 合作，在 2021 年
創辦了 AnyoneLab 這個深耕創作者經濟及未來工作者
的平台，目標是通過科技的力量扶持缺乏團隊資源的個
體創作者，協助其解決流量變現（將網站流量通過某些
手段化作現金收益）問題，提高未來工作的流動性和拓
闊地域可能性。

時至今日，這個平台吸引了來自世界各地的會員，
提供協助網紅（KOL）行銷及變現的軟件，又推出有關
區塊鏈知識的教學課程助 slasher（斜槓族）轉型及與
時並進。

對 Rebecca 而言，創辦 AnyoneLab 除了為自己，更希望向用戶提供推廣渠道，讓世界看到他
們的才華。

# 勇者無懼
# 知者不惑

回望過去數年的人生歷程，Rebecca 總結：「上一回（轉投娛樂行業）是勇者無懼，這一回（自己創業）是知者不惑。當初沒想過要走到多遠，但我仍然覺得要對自己的人生負責任，最重要是做了抉擇不抱怨就好，相信經歷會給自己有意義的回應。」

荷里活電影般的初創故事，往往只捕捉了主角勇往直前的部分，以及讓觀眾看到一個成功結局，但人生的旅程本來就不止於那區區三幕劇。

對 Rebecca 來說，勇氣的續集沒有盪氣迴腸，也沒有歷盡艱辛地打敗反派，實際上就只有對自己真誠，繼續虛心上路、學習，為自己做過的各種決定負責。也許這樣的故事沒有收視保證，卻對於年輕人如何走出自己的道路更有參考價值。

Rebecca 形容自己從旅遊電商平台轉投娛樂行業是勇者無懼，如今自行創業則是知者不惑。

# 不甘定型
# 突破
# 超穩定結構

建築師 · 吳偉麟

Design Eight Five Two（DEFT）設計工作室聯合創辦
人、港大建築系講師吳偉麟（Norman），海外升學後回
港選讀心儀的建築系，並從教授身上得到啟發，畢業後放
棄傳統的「則樓」工作，決定與同學創業，實踐自己的建
築設計藝術理念，因應項目周遭的環境和特色作考量，設
計出能融入社區的建築。除香港外，DEFT 的作品亦可見
於印度及菲律賓。

我們對創業者的印象總是有很多形容詞，例如「Grit」、「Grind」或者「Skin in the Game」。久而久之，我們都覺得創業者每天身穿同一套 T 恤、牛仔褲，辛勤地與客戶溝通，或每天坐在電腦前花十多小時編寫程式。

「貼地」的創辦人對於公司或初創來說自然很重要，但所謂「貼地」是否就必須符合以上的形象呢？「貼地」能否用另一個概念去表達？

Norman 是設計及建築工作室 DEFT 的共同創辦人，網上關於他的媒體報道，離不開傳統的精英印象：入選雜誌 *Prestige Hong Kong* 的「40 位 40 歲以下傑出青年」（40 Under 40）、香港大學建築系碩士畢業、擔任港大建築系講師、曾入讀英國著名寄宿學校。

然而，Norman 在位於鴉蘭街的辦公室受訪時，他一身大地色系衣裝，打扮樸素，整體感覺很踏實。

圖為位於鴉蘭街的 DEFT 辦公室，內部擺放了不少植物。

「對了，你也可以坐這幾張椅子，早前替 M+ 博物館設計和製作的 Sample，多了出來。」Norman 隨和地說。

Norman 的辦公室精緻得過分，幾乎每個位置都像設計師作品，工作枱、梳化、吊燈擺放得恰到妙處，每張枱都有植物包圍，還有那令訪客駐足欣賞的特製手工啤酒吧台。整體風格時尚，卻出奇地親民，好像坐下來便可以待上一整天。

世界上總是有些舒適圈是令人不想走出來的。

這樣優雅的設計風格，也能在香港某些室內空間中體驗到，例如黃竹坑的雅格酒店（the Arca），正是由 Norman 的團隊設計。該酒店非常低調地藏於工廠大廈群內，可謂大隱隱於市，即使緊跟數碼地圖指示也不容易找到其入口。酒店的室內設計亦精巧聰明，乾淨俐落，備受稱許。

# 尋找藝術
# 與工學的結合

「其實我自小的興趣是畫畫，到現在也是。」Norman坦言，繪畫這類「課外活動」，在香港的中學教育內從沒有得到甚麼重視，所以15歲時Norman決定遠赴英國入讀寄宿學校，這個決定改變了他的一生。「不只是培養興趣，那時的老師還告訴我可以放膽追夢，全職畫畫可以很正常。」

至於真正令Norman矢志攻讀建築的，則源於中學畢業前的一次回港實習，那時他進入了金門建築（Gammon Construction Ltd.），公司正忙於興建深圳灣公路大橋。Norman發現工程師對於效率和執行準確度有一份執着，隨着工程逐步具體實現、最後變成地標，他感到很興奮——似乎只有建築才可以讓他發揮藝術天分，同時滿足自己對精準規劃的追求。

到了2006年準備報讀大學時，Norman回想那次暑期工的經驗，決心向英國及香港的幾所大學建築系叩門，最終獲港大取錄並先後完成學士及碩士課程。畢業後，Norman很快便找到建築設計的工作，但也很快地覺得自己需要突破。

雅格酒店內外都由 DEFT 操刀設計，外牆時尚型格，別具特色。

# 不甘被專業定型
# 創業求突破

上世紀八九十年代的建築系畢業生多會進入「則樓」工作，負責設計建築藍圖和監督工程。考到建築師牌之後，一般都會平步青雲，工作十多年後，月入六位數字並沒有難度。

這是非常典型的「香港夢」——既不同於美國矽谷創業家一夜致富的劇本，亦非阿里巴巴創辦人馬雲那種「雖千萬人吾往矣」，而是香港社會擁有讓基層轉化為中產的能耐，專業人士身份是其中最重要的踏腳石。

如何維持「香港夢」所衍生的「超穩定結構」，包括社會賢達如何確保自身地位穩固，以及年輕人如何加入這個結構向上流，都是香港歷代管治者的大命題，同時也是這個城市每個人由出生開始就被灌輸的主旋律。

不過，Norman 認為，近十多年來，本地年輕人的整體發揮空間今非昔比，他分享：*「數十年前的主要建築是規模較大和關乎民生的，例如公共屋邨與大型基建，能實踐修讀建築時的概念，你甚至可以負責設計與落實整個華富邨，但今天你只能小修小補。或許我們仍然可以透過設計影響市民的生活細節，但整體規模不可同日而語。」*

何止是華富邨，今天香港的老一輩無不受惠於六十至八十年代的無限機遇，即使你並非天資聰穎、學歷極高，只要肯放手一搏，亦不難創一番事業。反觀今天的

年輕人，剛畢業就要面對飽和的市場和昂貴生活成本，漸漸也不相信自己能夠向上流，從社會整體來看，「超穩定結構」已悄然鬆動。

Norman 不甘於重複這套社會上流術，2014 年，他與港大建築系碩士同學、來自美國的 Peter 毅然踏上創業路，成立 DEFT。兩人認為，設計、建築和品牌故事息息相關，現今社會需要的不只是一門極專業的設計技巧，而是需要個人化、可反映每個人價值觀和創意的空間方案，因此他們希望建立一間可以完美融合建築、設計和品牌形象的「跨專業」（Interdisciplinary）工作室。

自立門戶初期，工作量不穩定，亦未有成熟的客戶網絡，令 Norman 的收入銳減，月入僅約一萬元。為了生存，自然來者不拒，他們由小型項目做起，例如小家居的室內設計、朋友的寓所規劃，更曾經到中國內地參與農村項目以獲取經驗。本着「甚麼都試」的心態，Norman 還試過在本地電視台的節目粉墨登場，介紹如何透過靈巧的室內設計讓「蝸居」變身，使戶主的生活更方便舒適，殊不知因此吸引了不少客人邀請他負責建築設計。

經過數年經營，以及 DEFT 的項目逐漸獲得極佳口碑，目前 Norman 的團隊擴至二三十人，負責的項目愈來愈廣泛，而且都貫徹了 DEFT 的設計理念。

# 全球視野
# 本土靈感

　　Norman 和 Peter 的建築哲學，來自他們有份任教的一個港大建築課程——Interpreting Vernacular Architectures in Asia（解讀亞洲民居建築），而課程的另一位導師龍炳頤教授也給了他們很多啟發。Vernacular 本為語言學專有名詞，解作「方言」或「白話」，但和「建築」合體後，則是形容地區傳統的大眾民居。

　　Norman 解釋：「世上超過九成的建築都是 Vernacular Architectures，而不是地標。」Vernacular Architectures 着重就地取材，要貼地，要適應地區氣候，要了解當地文化和歷史內涵，因此不能照搬學院派建築理論，Norman 補充，其意思即是 Architecture without Architects。

DEFT 團隊在尼泊爾地震後發起眾籌，為當地偏遠鄉村設計及重建社區設施。

尼泊爾鄉村社區設施的竹製模型，當中亦融入了在地民間智慧。

這套哲學，已經化成 DEFT 的企業理念「Quietly Brilliant」：兼顧創意和彈性，高明而不奪主，民居建築就當活用民間智慧，所謂的「靜靜地贏」。

重視本土脈絡，卻不等於固步自封。Norman 和拍檔不甘心只創作香港項目，因此數年前決定在菲律賓馬尼拉設立公司分部，除了降低成本及吸納當地高水平建築人才，還意外開發了一個創意試煉場。「當地一位客人是知名演員，我們團隊要幫他設計一座海邊住宅，由於香港沒有同類項目，所需（建築）技巧和（設計）視野截然不同，是十分有趣的工作體驗。」

　　DEFT 的項目具備創意和國際視野，因此吸引到不少海外人才加入，香港團隊有來自泰國、韓國、意大利和菲律賓的員工，辦公室的共同語言是英語。

　　國際化團隊除了為 Norman 帶來源源不絕的建築靈感，外國員工們直率不拐彎、據理力爭的風格，也令 Norman 有十分深刻的印象，例如他們會直接要求加薪或改善待遇，更會主動爭取參與心儀的項目，Norman 坦言：「這與香港的職場文化很不同！」

　　管理猶如聯合國的團隊，會否很花費精神氣力？Norman 即時聯想到香港入境處的一條問題：「替同事辦理（工作）簽證時，表格上有一條問題是『為何不聘請本地人，非得要聘外國人？』」

　　*這條簡單行政問題，實際上是挑戰 Norman 的管理風格，甚至是人生哲學。*「也許我是樂觀的人，總覺得背景多元化的同事帶來的火花，會把行政成本比下去。」

　　我們總是在面臨抉擇時，才可以清晰了解自己的信念。

　　毋庸置疑，香港社會的「超穩定結構」已經被撼動，新一代要盡情發揮自己所思所想，必然要自創新路。

　　*對此，Norman 同樣樂觀：*「創業普及化，創意被認可，我認為這是一個沒有懷才不遇的時代。就像近年流行的數碼藝術品，放在平台上一次不成功，試一百次，總有成果。」

DEFT 在菲律賓負責的一個海邊住宅建築項目。

DEFT 的團隊很國際化，有來自泰國、韓國、意大利和菲律賓的員工。

# 青春本色

## 自己就是自己的指南針

踏出大學校門後，每個人都有自己的步伐和路向，只有自己才是自己的指南針。而總有些人不甘跟隨羊群，選擇鼓起勇氣戰戰兢兢地探索未知。這一章，我們邀請了三十多位港大校友，讓他們回首過去，展望未來，分享自己獨一無二的旅途。

# 創業才是舒適區

梁東瑜 香港大學工商管理學士
程景謙 香港大學工商管理學士；
　　　　工學學士（計算機科學）
GRAVITONS & Gööp 共同創辦人（大學生專屬社交平台）

　　看到不少學長畢業後營營役役地工作，我們不禁反問自己：「是否一世都想這樣度過？」大家的人生好像都只是圍繞在 Vice President、Partner、President 等幾個頭銜，而且假設了世界在未來五至十年也不會變，所有人生規劃都缺乏動能。

　　因此，當年到美國考察後，我們看準 B2C 的潛力，決定建立一個針對大學生的社交平台。那時已顧不上是否有

成功的機會了，無論如何就先從懸崖跳下來，之後才想如
何造降落傘吧。每當我們跟朋友或投資者說，想在香港創
造一個社交媒體，他們很快就會潑冷水，認為國際市場早
就存在 Facebook、Instagram 等大型社交平台，就算在
本港也有連登等論壇，形容在香港做社交媒體無異於去紅
海廝殺。

　　結果證明，我們還是成功找到了出路。Gööp 現時擁有
超過七萬名用戶，在大學校園內聽見同學們不斷討論平台
上的熱話，覺得自己的產品真的為社會帶來了一點改變。
與其做過量的分析或研究，倒不如先把產品推出市場，才
會知道自己的概念是否正確。

# 水耕細作在身旁

由薄扶林出發──港大新生代50築夢方程式

## 麥嘉晉　香港大學文學士（哲學及心理學）；
## 　　　　工商管理學碩士

「Farmacy 水耕細作」聯合創辦人及行政總裁 /
「堅・農圃」發起人

　　我修讀哲學及心理學，讀書時當過港大學生會會長，畢業後從事管理諮詢工作，從未想過會做農業相關的創科事業。10 年前在江西省東江源的義工服務中嚐到了畢生難忘的新鮮蔬菜，令我重新思考可持續和富足生活的定義。之後在港大的工商管理碩士課程中遇到懷有共同願景的同學——希望透過發展智慧都市農業科技，以新鮮、安全、高品質的蔬菜和體驗教育，在香港及全球推動「新綠色常態」。結果我們創辦了「Farmacy 水耕細作」，推廣全環控智能移動水耕種植系統。

　　頭兩三年我們不斷嘗試種植各種蔬菜和香草，失敗了無數次，做到雙手破損之後，終於掌握到自動化及智能化技術，以水耕種植系統穩定兼有效率地種出優質綠色食材。今天我們在高度城市化的香港建設「全環控智能移動水耕種植系統」，透過「去中心化」及大數據驅動的農業科技，為超過 30 家連鎖超級市場、米芝蓮星級餐廳、酒店、商場、住宅會所和學校，供應逾 50 款絕無農藥而且價錢相宜的新鮮蔬菜。

　　為了讓市民能近距離體驗本地農業發展，我們聯同一個本地慈善團體發起了「堅・農圃」（意即「堅尼地城的農圃」）項目，在海濱事務委員會和賽馬會的支持下，建造了全亞洲第一個結合室內水耕、魚菜共生及有機耕種的臨海社區農圃，於鬧市中的一角提升大眾身心靈健康。

# 以 500 元
# 砌出我天地

陳昱駿

# 陳昱駿 香港大學建築學文學士

CYC Motor 創辦人

　　讀中學時我因熱愛電動單車，所以拿了 500 元作為創業基金，開始做電動單車零件出口的小買賣；到大學時便用從買賣中儲到的資金設計產品，出口到外國的發燒友市場，小有成績，並參加了香港大學的 DreamCatchers 創業賽，勝出後收到創投融資的邀請，於是剛畢業便正式成立了電動單車摩打企業 CYC Motor，達成了自小希望建立車廠的夢想。

　　但我們推出第一款產品時太急進，很多測試都沒有做好，導致出現質量問題影響聲譽，令團隊內部產生很大壓力。痛定思痛，我們決定建立完善的工程管理和測試系統，擴展團隊規模的同時亦建立實驗室，以質量為先，並逐步建立公司的核心研發團隊和技術，終於慢慢取得成績。

　　現在公司剛完成 B 輪融資，業務開始擴展往海外不同市場。接下來 CYC 將會推出幾款新產品，目標在兩年內取得全球中置改裝電機 50% 以上的市場份額，以及在電動單車的各個核心領域成為領先企業，希望以「香港研發和設計」的品牌，在國際市場發光發亮。

# 從實戰中學習的
# 機械工程師

## Sidhant Gupta 香港大學工學學士（計算機工程）

海洋垃圾收集機械人 ClearBot 研發人 /
2023 年《福布斯》亞洲 30 位 30 歲以下精英

　　我想改變世界，我相信憑藉自己的工程技術背景，可以開發出解決實際問題的產品，對社會帶來真正的影響。如果你也想成立以硬件為主的初創，就必須擁有最好的工程師，因為硬件研發較軟件研發複雜。

　　開始研發海洋垃圾收集機械人「ClearBot」時，我只是港大工程系的學生，沒有任何商業知識和訓練，所以在商業營運、銷售、營銷等方面都遇到許多困難。最終，我們從經驗中，以及其他創業朋友身上吸取教訓，克服了各種問題。

　　我十分認同終身學習和從實戰中學習，而不只是單從理論課程中學習。作為創業者，為了實現夢想，達成創辦海洋科技初創公司的目標，我每天都努力完善自己和團隊。而我的最大支柱是朋友、家人和團隊，幫助我應對個人及事業上的挑戰。寄語年輕人不用太擔心未來，好好享受令你興奮和快樂的工作吧。

青春本色　自己就是自己的指南針

# 保持創業初心
# 距離夢想更近

## 張浩澤 香港大學工商管理學學士（會計及財務）

創業家 / 科技初創公司 PressLogic 創辦人

大學畢業後，我加入了一家投資銀行的結構產品團隊，專注處理大量數據、股票和分析方面的工作。當時科技行業正在蓬勃發展，所以在投行工作了五年後，我決定改往科技方向邁進，創辦了自己的公司。

在成立 PressLogic 之前，我和夥伴曾創辦一家電子商務公司。當時我們將大部分時間、資金和資源用於營銷及利用社交媒體數據，儘管成效未如理想，但我們堅持自己的想法與信念，設法將業務和數據互相緊扣，那時我們開始意識到，該模式可以用來主導編輯內容。

幾年後，我們將電商公司賣盤，開設了一家數據主導的媒體公司，冀以大數據分析改變現存媒體形式，最終創立了 PressLogic。

人生有很多可能性，只要一直抱着開放態度，保持初心，堅持前行，你就會距離自己的夢想更近！

# 將健康帶給
# 每一個人

**黃圍 香港大學公共衞生碩士**
**南方醫科大學醫學理學雙學士**

晶准醫學（香港）行政總裁／創業家／生命科技工作者／
專欄作家

　　四歲那年，我患了急性心肌炎，當時卻被誤診為普通感冒，結果導致病情惡化，住院治療長達半年。自此之後，我的夢想就是將健康帶給每一個人。

　　後來我到港大修讀公共衞生碩士，其間到日本東京大學實習，遇到一位腫瘤病人，他因篩查及時，很早開始接受治療並痊癒，很快便回復正常生活。這次經歷令我驚嘆篩查的重要性，驅使我放棄了醫生的工作，加入現在的團隊，希望未來可以研發更多精準篩查技術幫助到更多腫瘤病人，令他們能夠重過正常生活。

　　對於非商科畢業的我來說，在創業路上的挑戰往往並非來自專業領域，而是思考如何跳出專業，從一個管理者的角度建立團隊，一起完成目標，過程中需要勇敢，而非追求完美。學業和事業都很難盡善盡美，反而要勇敢地表達，勇敢地設定目標，勇敢地追求自己想要的工作、機會和夢想。不積跬步，無以致千里，堅持做和反覆練習也很重要，任何事情都有可能，每天進步 1%，相信堅持和累積終會帶來進步及變化。

# 投身教育創科
# 為下一代編程未來

## 凌淑鈞　香港大學經濟金融學學士

Preface 盈利總監

　　我毅然放棄熟悉的金融行業投身教育，全因我發現大家很容易被世界的固有標準規範，但若不去計算太多，學習過程總是快樂的，所以我決定走入教育創科的行列。

　　當初團隊的網上補習平台起步表現不俗，創立首 18 個月就吸納了三萬名用戶，更獲大型教育集團提出收購，被我們以雙方理念不合拒絕後，公司業務卻不幸走下坡，觸發團隊重新審視希望解決的根本問題：香港教育的問題在於資源配對，一個老師對幾十個學生的教學模式，根本不能滿足每個學生的學習需求。過去個人化教育難以建立規模，但如今透過人工智能等科技就有機會達成，於是當時團隊便朝着這個方向進發，逐步建構出如今的編程教育平台 Preface。

　　我們致力做到真正的現實、虛擬與網絡平台三者配合，主動找學校合作及提供協助，不欲打着「顛覆傳統學校教育」的旗號。因為我們想真正了解校長和老師們的需求，所以會邀請老師和校長到平台的晚間工作坊了解服務，也會派專業程序員協助學校設計 STEM 課程和提供編程培訓，並透過一些項目將學校跟社區連接起來。

# 創業必先釐清
# 要解決的問題

## Ankit Suri 香港大學工學學士（計算機科學）
智能理財平台 Planto 共同創辦人

我從小便喜愛構思能解決問題的產品，並希望成為創新團隊的一員，為社會項目出一分力或為社區問題提供解決方法。

一手一腳建立自己的公司很有成功感，可惜第一次創業時只着重指標的增長，後來學會仔細聆聽和反思，而不是只顧眼前數字。我現正學習以第一原理的方式思考，回歸問題的本質，同時以客戶為本；亦經常留意和思考不同的新範疇，不斷質疑事情固有的規範，並主動聯繫客戶和業界翹楚去了解更多，這些特質都是從零到一的必要條件。

此外，我會好好利用時間，跟不同行業的精英和朋輩討論問題，也樂於分享自身經歷，因為我明白到同儕的角色在創業路上有多重要。

現在企業和人們都要適應世界的新轉變，為了解決新變化衍生的問題，新的初創企業便會進入市場。有危便有機，正如新冠疫情帶動了金融科技和電子商貿等不少行業的增長，所以我建議有志創業的人要清楚了解自己想解決的問題，不要創業後才發現問題所在。

# 興趣成就志業
# 研 3D 打印救珊瑚

由薄扶林出發——港大新生代50築夢方程式

## 余碧芬 香港大學生物科學博士研究生
綠色初創人工珊瑚礁盤 Archireef 聯合創辦人及行政總裁

「氣候變化」這個議題並非新鮮事，我一直以為其影響遙不可及，但在一次偶然機會下發現原來伸手可觸。小時候，父親經常帶着我接觸自然，如登山、到海邊「尋寶」等等。長大後，我接觸到潛水，才真正領略地球深處的神秘，並認識海洋與氣候之間密不可分的關係。

珊瑚礁雖然只佔整體海洋面積少於 1%，卻是超過四分一海洋生物的家園，是地球上最珍貴的生態系統之一。在求學時期，我曾經為教授當義工，每星期到西貢潛水，結果在 2014 年，親眼目睹了一個尚算健康的珊瑚群落，在短短兩個月內因紅潮而死亡。

因此，在攻讀博士期間，我繼續研究珊瑚生態系統修復，其中一個項目正是與港大建築學院合作，利用 3D 打印技術研發世上第一個由陶泥製成的人工珊瑚礁盤，其複雜設計和結構能夠讓珊瑚依附生長，令珊瑚存活率高達 95%。

ESG（環境、社會及企業管治）成為社會潮流，愈來愈多投資者將企業的 ESG 表現納入投資因素。例如我們與客戶合作推展 ESG 珊瑚修復項目，每次投放最少 20 平方米具生態價值的人工珊瑚礁盤。香港在 ESG 方面表現優異，所有上市公司都要提交 ESG 報告，有助我們的方案作本地推廣。投資者除講求回報，也重視技術發展和全球應用的可能性。2021 年我們獲中東控股公司注資並拓展至阿布扎比，在當地設廠製作和融入市場，拯救遠在地球另一端的珊瑚群落。

# 在實驗室
# 與癌細胞競賽

**馬桂宜 香港大學哲學博士**
香港青年科學院創院院士 /
香港大學李嘉誠醫學院生物醫學學院教授

　　小時候，雖然我還不清楚將來想做甚麼，卻很清楚自己不想做甚麼——例如金融、會計、律師等傳統職業。所以後來我試過很多不同的工作，例如在中醫和 SARS 研究團隊中擔任研究助理、在公立醫院的藥劑部門實習等等，慢慢透過排除法找到了我的興趣——肝癌研究。在港大完成博士學位後，我便將人生奉獻給實驗室。

　　我目前專注研究癌症幹細胞的特徵和弱點，以找到對抗癌症復發的方法。科研工作被認為是「沉悶」和「漫長」的，但對我來說，激發我堅持的動力是其中的趣味。就以癌症幹細胞為例，我希望可以理解為何有些藥有效，有些癌細胞卻會復發。科學研究讓我可以運用創意，嘗試不同的方法。做研究就是終身學習，永遠在探索和理解。

　　癌症很聰明，有時會走得比我們快，所以要把握時間，對工作必須充滿熱情。我很慶幸身處一支充滿幹勁的年輕團隊，大家一起與癌症展開競速。對我們來說，這就是一件熱血的事！追求突破，挑戰從未停歇。

　　除了在實驗室做研究，我更希望推廣科學普及教育。除了在大學指導學生，我也抽空參與社區教育活動。透過

香港青年科學院和香港科學園舉辦的項目，讓學生認識科學和創新研發，不要以為只有當醫生、律師才是好出路。希望可以改變文化，建立培養港產科學家的生態，推動香港的科創發展。

# 在藝術拍賣世界
# 掙扎自學成才

## 郭東杰 香港大學文學士（中國歷史和文化）

蘇富比董事 / 亞洲區現代藝術部主管暨拍賣官

由於有很多長輩和親人都以藝術為志業，所以我自小便在文學、歷史、藝術圈子裏成長，耳濡目染下，投身商業化的藝術拍賣行業亦正正是因為自己喜歡文學、歷史與藝術，渴望能夠學以致用，在社會最前線推動文化發展。

入行初期，工作壓力巨大，同儕競爭激烈，待遇條件較差，升遷機會渺茫，缺乏前輩指導，與憧憬相去甚遠，經常感到挫敗。

在掙扎中，我選擇了堅持，臥薪嘗膽，自學成材，不恥下問，將勤補拙，把工作上的痛楚轉化為自強的動力，以戰養戰，總結每一次經驗，成為以後的鑑戒。例如在繁瑣又重複的工作中，每一本書都盡量認真讀一讀，在完善部門的電子存檔之際，亦為自己增值。

我距離成為真正的頂尖拍賣官，還有一段很長的路要走，需要長時間的鍛鍊和精進。有天分和努力，兩三年內就能得到不錯的成績，但要達到頂尖，就需要千錘百煉，技術紮實、處理拍賣品得心應手，兼具藝術性、表演性，同時要顧及媒體鏡頭、光線、時間等因素。除了確保觀眾和藏家的滿意，也要做到競價公平、公正、有說服力。這需要一次又一次的精益求精，不斷磨煉自己，直到達到完美為止。

# 化不甘為動力
# 追逐動畫夢

陳偉恩　香港大學理學士（測量學）
　　　　美國薩凡納藝術設計學院（SCAD）
　　　　藝術動畫碩士

3D 動畫師

　　大學畢業後，我一直想將設計、電腦遊戲和電影這些興趣結合成一門事業。那時候 Pixar 的動畫電影 *Inside Out*（港譯《玩轉腦朋友》）剛在香港上映，我在戲院被其故事和視覺效果深深吸引，腦海忽然閃出動畫製作的念頭。對 3D 動畫認識不多的我毅然報讀了相關網上課程，結果完全滿足我對興趣的追求，所以下定決心選擇走這條路。

　　剛到美國進修藝術碩士時，我把進入 Pixar 實習作為畢業的目標，但因為國際學生畢業後必須在短時間內找到工作，最終接受了一間小型動畫公司提供的機會。誰料幾個月後突然收到 Pixar 的實習邀請，可惜因簽證限制而不得不拒絕。雖然錯過了實現夢想的機會，惟當時我只是剛剛起步，決定

把不甘化為動力，一步一步向着目標進發。如今我在動畫公司 Laika 參與製作電影 *Wildwood*，亦可算是達成了一部分夢想。

我很喜歡動畫能夠用誇張的視覺形式表達人類情感，希望把生活中各種令人喜怒哀樂的小事情，例如抽中了獎、趕不上車、跌爛手機、找到遺失了的物件等等，用不同的動畫風格製成一系列短片。

年輕人擁有的是時間和無限可能性，因此不要被外界影響你的人生決定，相信你心中的想法，別害怕，就盡情地玩吧，毋須覺得時間無多而放棄有趣的體驗，人生經歷最終會結集成你獨有的故事，變成你日後的創作靈感來源。

# 跨界追求卓越
# 無悔此生

黃偉納

## 黃偉納　香港大學社會科學學士（政治學與法學）及法學士

魔術師／表演和體驗設計師／
第 38 屆香港電影金像獎魔術及特技部總監

　　一開始選擇修讀政治及法學，就是很單純地認為「只要學懂政治，社會的大小問題就能夠解決了」，五年後才發現學不懂政治，倒是多了一顆追求公義的心，畢業後對自己說：「做甚麼也好，只要不傷害他人，做有意思的事情就可以。」出到社會工作才發現，原來 create value 和 do no evil 也可以很難。人生苦短，還是追求自己最擅長、最熱愛的事情，才無悔此生。

　　我很喜歡印度電影 *3 idiots*（港譯《作死不離 3 兄弟》）裏的一句對白「pursue excellence, and success will follow」，

我認為 excellence 不止是課本知識，亦包括借鑑其他卓越
的人，觀摩他們的眼界、心態和處事手法。

　　我慶幸能跟不同行業的團隊合作，每次我都會充滿好
奇心地了解對方的背景，從他們身上學習不同的觀點和處
事手法。事情的成敗往往不在於資源或手段，而在於背後
團隊的視野、衝勁和判斷能力。我身邊幾乎所有的成功例
子，都歸功於出色的團隊或互相信任的夥伴。

　　世界很大，有太多事情等着你去做，沒有空去等機會
來找你。

# 發掘塵封檔案
# 推廣建築文化

## 袁偉然 香港大學建築學文學士
## 英國建築聯盟學院文憑

建築文化研究者

在香港，拆掉舊樓宇好像是城市發展的唯一出路。今天不少戰後建築仍然存在於城市一隅，但日久失修兼缺乏法例保障，大多難逃拆卸的命運。然而，街道景觀一旦消失，城市便難以維持其應有的吸引力。

因此，成立「戰後建築研究檔案」之初，我和拍檔着重「寫建築」——寫好一個地方的建築，是建立城市價值觀的一種自我認同。寫建築的靈感就源自那些塵封的檔案，從一些蛛絲馬跡中尋找往日的建築意念，幫助我們了解現今香港的街道景觀。戰後建築的外表實而不華，往往不被重視，但這些建築物的設計以至背後的故事，在今天仍未過時，應該受到關注。研究建築檔案如同尋找一套失去的價值觀，也是我埋首發掘歷史紀錄的主因。

長期身在外地，經常到訪各地的檔案館，我每次在文件檔案中看到 Hong Kong 二字時，都有一種恍如隔世的感覺，這是一種情感連結，同時知道距離目標又行近了一步。從檔案中學習以至表達的論述手法，再到日後的設計創作及參展，我也是在揣摩一種「轉化」方式，延續一份檔案所提供的養分，帶出更多建築實驗，並透過另一種 ways of seeing 呈現給大眾。

# 我會寫一個
# 關於勇氣的故事

## 凌偉駿 香港大學文學士（比較文學）

電影編劇（作品包括《一秒拳王》、《手捲煙》、《怒火》）

做電影編劇，很大程度是受到港大足球隊教練陳 Sir（陳曉明）的影響。當時在大學足球校隊認識到這位「大仙」，他本人對夢想的追尋和經歷就是最佳激勵例子。陳 Sir 讀港大時曾獲年度最佳男運動員，畢業後放棄教師工作轉當全職足球教練，之後更以領隊身份帶領香港隊出戰東亞運，在決賽擊敗日本隊奪得金牌。執筆時陳 Sir 擔任港超球隊理文主教練，決心推動港足發展。

陳 Sir 令我明白到追求夢想不是簡單呼喊搏盡無悔，而應該是身體力行。口號不會讓人成長，經歷才會。畢業後我曾當過一段短時間的記者，在做過不同的人物訪問後，發現只要找到屬於自己的世界，人的眼睛確實是會發出光芒的。我也想有這種感覺，於是慢慢思考自己的路，發現最大興趣始終是寫作和電影，最終坐言起行。

若要為現今的香港寫一個故事，我會寫一個關於勇氣的故事。恐懼不會無故消散，逃避不但可恥，而且沒甚麼作用，倒不如積極面對，走得多慢都無所謂，只要不讓腳步停下，總會找到天堂。

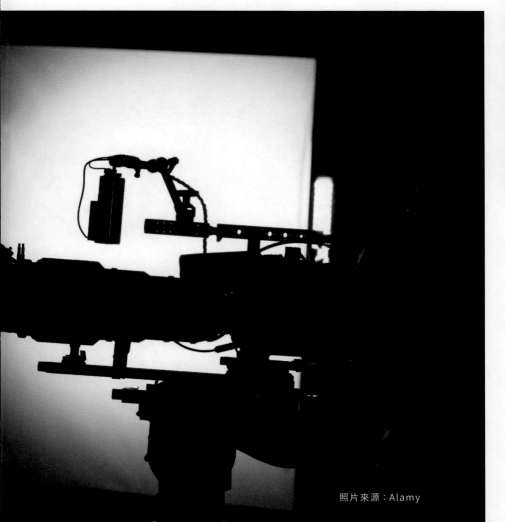

照片來源：Alamy

# 我願意對自己的
# 創作負全責

## 范家朗　香港大學理學士（測量學）

攝影師

　　我曾經喜歡打籃球，但當時未有盡全力；後來我在文憑試全力以赴，卻又對考試這件事無熱誠可言。如今我在做自己喜愛的攝影，這次我決定要做到最好。

　　我們所作的決定，不管是多麼微小，都在一步一步塑造今天的你我。由對攝影的全神貫注到日常生活的每一點滴，所有的決定在日後看來都有可能會令人後悔或惆悵，但是，今天的我願意對自己負全責。

　　在這條路上，我希望享受人生樂趣，找到自己的聲音，為世界帶來改變。正因如此，我需要有強健體魄讓自己走下去，亦要有一顆好奇心去探索人性，以及永不熄滅的熱情去精進自己的技藝。

　　回想起來，是當初的倔強與堅持才令自己走上攝影這條路。不必太在意及憂慮別人對你的看法，就走自己想走的路吧。

# 與夥伴克服萬難
# 東奧逐夢

**陳晞文　香港大學文學院學生**
香港滑浪風帆運動員

"Learn from your teammates, stay humble, have
fun and go for it."

　　當初選擇滑浪風帆全因好玩，我很享受在大海上飛馳，
也喜歡周遊列國去比賽。但曾有段時間沒有好好正視和處
理自己面對比賽的技術及心理質素問題，而錯失了好些機
會：失落 2016 年里約奧運的參賽資格，沒法在 2018 年亞
運會衛冕。之後為了參加 2020 年東京奧運，我決定重新學
習，雖然有點遲，終慶幸能再次出戰奧運。

　　參加過 2020 年東京奧運後，有如圓夢一樣，因此減慢
了步伐。不過自己感覺到那團火仍未熄滅，所以現在一邊
發掘各種新挑戰和過往未曾完成的夢，一邊思考如何向前
走，問自己在運動領域上還能夠有突破嗎？

　　成為頂尖運動員是很大的挑戰，過程有痛苦有辛酸，
但能夠跟教練和隊友一起克服種種難關去追尋奧運夢，那
就是最美好的經歷。

# 專注練習跑步
# 直到極致

## 吳偉嘉　香港大學文學士
　　　　中文大學理學碩士（運動科學與體力活動）

全職跑步運動員 / 兼職跑步及健身教練

　　跑步就是我的心之所向。作為一個跑手，我認為最有意義的事就是竭盡全力去追求卓越，我不想 20 年後回望時才後悔。在長跑的旅途上我從不感後悔，儘管傷患帶來挫折，但這不能擊垮我，反而令自己的意志更堅定。

　　當心中有一個更大的宏願時，所有的挫折看起來都變得微不足道。事實上，只要願意相信，挫折反而能孕育成功。從 2021 年 5 月起，我便待在出產了無數長跑冠軍的肯亞小鎮伊滕，跟頂尖跑手一同訓練，從傳奇教練身上學習。當地得天獨厚的氣候、環境、爭勝文化和低生活支出，讓我當上全職運動員的夢想化成現實，我退役前的大部分時間應該都會待在肯亞。為了與大家分享在當地的見聞和跑步知識，我開設了 Instagram 帳戶 Run.Minute，這亦是我推廣線上教練事業的平台，讓我在肯亞可養活自己。

　　不要一開始就幻想能改變世界，要專注，把自己擅長的事做到極致，那才更有可能改變世界。

# 擁抱劍擊路上的高低跌宕

## 蔡俊彥 香港大學工商管理學學生
香港劍擊運動員

　　我從九歲起開始打花劍，初初覺得很危險，但上過一堂之後覺得好玩，很快便着了迷。在青年奧運會奪銀後，我覺得自己有潛力達到世界頂尖水平，劍擊的野心及目標愈來愈大，為了把握自己身體機能最發達的時間，所以選擇成為全職運動員。雖然訓練過程很辛苦，但自己目標清晰，很快就適應節奏。

　　由於對自己要求很高，在 2020 年東京奧運一直以奪牌為目標，惟 16 強出局後，有段時間十分氣餒，不停懷疑自己是否不適合比賽，能力是否已到盡頭，連劍也不想練。打大獎賽時甚至覺得輸無可輸，這種感覺令我可放開一切，驅使自己成為劍擊道上最瘋狂的人，最終在 2022 年贏下生涯第一個大獎賽銀牌。現在回想仍感到很不真實，或許是之前的艱苦日子令這美好的時刻加倍奇妙。

　　往後我會學習享受劍擊、享受人生，面對樽頸位時要懂得放鬆、深呼吸，多給點耐性。一直以來，劍擊都教會我如何做人，助我變得成熟。就算他朝有日我不再做運動員，不再打比賽，我得到的所有東西都是劍擊帶給我，我也總會與劍擊有聯繫。

# 一筆在手
# 穿越時間與山海

由薄扶林出發——港大新生代50築夢方程式

拍攝：范家朗

## 李梓成　香港大學文學士
## 倫敦大學亞洲及非洲學院音樂碩士

樂評人 / 音樂人

　　17歲時我寫了一份樂評功課，老師推薦給報章刊登，自此筆耕，至今刊出逾百篇藝評。現時除了寫網上音樂專欄，亦會為香港藝術節等大小音樂會的場刊執筆。我也是竹笛演奏者，除了演出，星期一至五都有教學。某次專訪一位頂尖古典結他演奏家，問到藝術生涯突破時刻，她答：「在國外求學及演奏時。」要突破，得試試更大的舞台，我決心放下一切，出國進修。

　　我想到天涯，會一會另一個自己。

　　剛到倫敦，要重新建立人脈和工作機會。為幫補學費，晚上去廚房做兼職，乘車的時間則寫論文。往日在港事事順遂，現在變成遊子，當然有徬徨和不知所措的時候。我提醒自己：我是因為熱愛寫作和音樂才到這裏，與其浪費時間嗟嘆，倒不如靠雙手創出機會，哪管手上是筆桿、樂器甚或是鑊鏟。

　　目前正與劍橋大學的研究生錄製民族音樂專輯，依舊越洋在香港的媒體發表評論，亦為音樂會寫導言、樂曲剖析，也籌備出版首本個人文集。先天的深度聽障，剩餘三成聽力，教我更細心傾聽人間音符。

　　原來一筆在手，可以穿越時間與山海。

# 透過運動
# 推動青年向上流

## 江嘉惠　香港大學社會工作學碩士

凝動香港體育基金總幹事

　　在公屋長大，出身於基層家庭的我，成長路上全賴很多人的鼓勵和幫助才能夠一路慢慢增進知識，繼而靠知識創造財富脫貧。因此，我從小就立志，要協助更多同樣來自基層的青少年，讓他們有機會像我一樣得到支持，正面成長。

　　今天，我在一個初創體育慈善基金會擔任總幹事，一直堅持以「體育造就青年」為願景，見證基金會由最初只有數名熱心港大校友當義工，到今天擁有 18 人的全職團隊。過程經歷高低起跌，尤其在新冠疫情爆發的三年多期間，一波又一波的疫情使我們的服務受阻，體育活動大部分時間被迫停擺。

　　幸好有賴整個團隊的付出，令我們得以轉危為機，改以創新方法傳遞我們的工作。譬如我們改以網上形式授課、設計新穎的運動主題桌遊等，增加善款的類型及來源，不單捱過了寒冬，更開拓了提供更多服務的可能性。

　　回望過去，的確是甜酸苦辣百般滋味在心頭，感恩有幸從事青少年相關工作，令我無時無刻都不忘回饋社會的初心。

# 仰望教育革命
# 不忘腳踏實地

**蔡德勵　香港大學經濟金融學學士**

教育創業者 / 教育機構「小小科學超人」創辦人 /
2021 年《福布斯》中國 30 位 30 歲以下精英

　　我生於基層家庭，自小在資源相對匱乏的環境中長大，加上自己不太循規蹈矩的性格，慢慢建立了創業的想法。直到我讀大學的時候，有幸認識了現在的夥伴，大家本着一致的理念，開辦了我們第一個社企創業項目。

　　期間經歷數次轉型，但本質上一直都圍繞着教育和培養更好的下一代。我們一路上都在面對和解決不同的難題與挑戰，有時回想會覺得有更好的方法，但亦不感後悔，因為我覺得每個決定都是結合了當刻的天時、地利、人和，以及自己想法的結果。

　　我時刻提醒自己要仰望星空，腳踏實地，保持當初想做好科學品德教育、家庭教育的初心。教育是崇高的事業，而做好教育需要創新和具前瞻性，就算面對不同的挑戰如疫情，我們依然抱着使命，一直堅持在不同的平台、用不同的方法分享教育理念，包括對 STEAM 教育、品德教育、生命教育、家庭教育的看法。我們希望社會上更多人理解和認同我們的教育理念，哪怕只是多一個人的支持，都足以對未來社會產生難以估計的蝴蝶效應。

由薄扶林出發──港大新生代50築夢方程式

26

# 在大自然中
# 聆聽自己

## 易琪 香港大學法學士；法學專業證書；
## 社會科學碩士

「香港森林浴」創辦人 / 森林治療嚮導

　　跟隨自己的腦袋與跟隨自己的心有時候完全是兩回事。如果順着我的大學本科專業，應當一直繼續從事法律工作，這是很好的職業，而且累積經驗後應該會有更寶貴的貢獻。可是自己總覺得有點缺失，然後發現心中有種與大自然連繫的渴望，是一種即使我選擇無視都不能磨滅的聲音。經過一輪探索，修讀了不同的課程，最後發現大自然療癒是最令自己滿足的工作。

　　人生路上，我覺得最重要的是聆聽自己，明白自己需要甚麼，這可能是一輩子的學習！而且聆聽自己後再跟隨個人意願去作出決定，有時候需要很大勇氣，不要為了別人的認同、或者迎合別人的喜好而放棄機會，應該把握有緣來到眼前的機會，全心全意去經歷和學習，跟着把自己的收穫與旁人分享。不要小覷自己，不要懷疑自己夠不夠好，只要帶着誠意及善念，我們做的每一件小事都有可能令世界變得更美好。

　　社會既有的一套價值觀，很容易讓我們覺得要達到某些目標才算成功，但其實成功可以有無限多的定義，因應我們每個人的天賦、條件、機緣，成功可以是在自己的範疇成為世一，又或者簡單如每天能夠健康快樂地生活。希望大家容許自己和別人都能自由地定義何謂成功，並學習互相尊重和扶持。

# 廚房如行軍一樣高壓

### 蔡明輝 香港大學工程學院校友
米芝蓮餐廳 / 實驗廚房主廚

　　讀書時我對烹飪完全沒有興趣，直至參加了一趟從香港踩單車到西藏、尼泊爾、印度的旅行後，在途中體會到，身心疲累時若吃到美食，食物就算平凡依然印象深刻，碰到難吃的東西卻是極度痛苦。自此發現煮食是很有趣的過程，食物對任何人都很重要。

　　學廚時完全不懂煮食，連拿刀都不會，慢慢累積經驗，由洗菜、收拾東西、清潔到擺碟裝飾，繼而開始學煮醬汁，漸漸會碰到魚、肉或一些較矜貴食材，如今自己打理一個廚房和設計菜單，看看這個季節有甚麼當造食材，思考如何入饌，是充滿了創意的工作。

　　如果你想進入這個行業的話，真的要想清楚，因為喜歡烹飪跟做廚師完全是兩回事。在廚房工作的時數很長，大部分時間都需要站着，一天可能要站 12 至 16 個小時，體力消耗十分大；廚房也是一個很高壓的地方，要像行軍一樣快速處理工作，承受的精神壓力不小。

# 創業日常：
# 變幻就是常態
# 堅持不斷突破

由薄扶林出發──港大新生代50築夢方程式

## 陳成軍　香港大學文學士

旅行社 / 廣告公司 / 區塊鏈公司創辦人 / 電視節目主持人 / 作者

　　畢業後我進入政府工作，但那種一生已被規劃的感覺很快令我窒息，發現自己的性格根本不適合循規蹈矩去打工，同時回想起大學時期到哈佛大學交流時，認識的哈佛生都說畢業後要辦初創、要到外地成立 NGO 解決問題，或者買一張單程機票到亞洲盡情探索。反觀香港的大學生畢業後總是在幾個行業、幾份工作間作選擇，這令我反思其實世界很大。於是我便辭職，和友人一起創辦了一個文化深度旅行的公司，專門走訪北韓、伊朗、中東等常被大家誤解的國度。

　　不幸因新冠疫情爆發，旅遊業「歸零」，我和創業夥伴被逼轉型成為廣告公司。當初過分樂觀，覺得以前在旅行社的同事可以輕鬆過渡新工作，結果事與願違，原來不同類型的業務所需要的技術和心態都不一樣。

　　現在公司專注於區塊鏈業務，不論是技術和行業層面都需要大量學習及閱讀。除了看書與網上課程外，也需要跟很多比你走得快的人交流和學習。當初追的夢（文化旅遊）和現在（區塊鏈和廣告）已經完全不同，也許現在追的夢是希望可以繼續在創業路上不斷突破。只要方向正確，堅持努力，好的結果自然會到來。

# 推動「綠惜」
# 助堆填區減負

**韓駿謙 香港大學工商管理學學士**

GreenPrice 綠惜超市創辦人 /
2023 年《福布斯》亞洲 30 位 30 歲以下精英

「GreenPrice 綠惜超市」的創立念頭，源於我與拍檔發現香港每年竟有多達 1.5 億件產品因過了最佳食 / 使用日期而丟棄，不僅非常浪費，亦為堆填區帶來壓力，於是參考歐洲的「即期品」概念店，於本港試行。起初只打算在讀大學期間做些善事，沒有計較收益，幸好獲供應商及消費者支持，一步步解決營運困難，今天發展至有數間實體店推廣即期品理念。

我們又嘗試把大部分重複性的工作，交由電腦系統作自動化處理，希望可以將人力資源投放到更具增值作用和需要深度思考的範疇。我常常鼓勵員工們要做實事，每天改良產品，就自然會有客人青睞，不必時刻想着尋找捷徑。

創業不是一個理性投資的項目，也許就是因為初時年少氣盛，不求回報，沒有太多包袱負擔，才能走那麼遠。當年的衝動帶來意想不到的經歷和收穫，如今已在零售業打滾幾年，一手包辦前線店舖操作租務、倉儲安排、國際船運和採購、市場推廣及員工培訓等，接觸到不同階層的人與事，一般進入大公司的畢業生就難以得到這些體驗了。

# 百回飛行旅程的
# 啟發

郭嘉明（左）與菲律賓最年輕市長 Bryan Celeste（右）出席論壇。

## 郭嘉明　香港大學社會科學學士（國際關係）
　　　　新加坡國立大學李光耀公共政策學院
　　　　公共政策碩士（李嘉誠基金會獎學金
　　　　學者）

好城市基金會創辦人 / 世界經濟論壇訪問學者

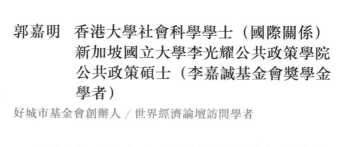

　　2014 年，在時任港大社科院院長卜約翰（John Burns）教授的鼓勵下，我決定休學一年，期間遊歷探索了東南亞 20 個城市。由於旅途中對東南亞城市的多元文化和高速經濟發展充滿好奇心與熱情，於是在回港後創辦「好城市基金會」，希望以香港創科及公共政策的角度了解並推動亞洲發展中城市的可持續發展。

　　由最初幾番創業失敗，到最終獲得第一輪資金，最艱辛莫過於為基金會在亞洲建立可靠的地區人脈。從零到一，基金會透過超過 100 回亞洲飛行旅程，與多不勝數的當地企業、政府等夥伴進行商議，建立互信關係。

　　隨着好城市基金會與世界經濟論壇等國際機構合作，基金會希望能接觸更多專注城市發展及可持續發展投資的行業領袖，藉此凝聚更多熱愛香港的青年領袖，目標是推動以香港價值和發展模式為導向的區域合作。

# 以樹為業
# 人樹共融

由薄扶林出發──港大新生代50築夢方程式

## 吳宇軒 香港大學理學士（生態學及生物多樣性）

國際樹木學會註冊樹藝師 / 樹藝師

　　我喜愛大自然，讀大學時亦主修生態學及生物多樣性（Ecology & Biodiversity），機緣之下，大學二年級時成為康文署樹木隊見習生，認識到樹藝師這個專業，發覺跟自己的興趣及喜歡自由自在的性格很配合。

　　畢業後正式進入樹藝這個行業，慢慢發現工作充滿挑戰：每棵樹、每宗個案都不盡相同，極需要知識及經驗，因此立定決心要成為更專業的樹藝師。我希望透過不斷增值，利用知識和經驗去提升個人專業，為我處理的每一棵樹木作出客觀判斷。另一方面，我更想帶動整個行業進步，提升行業內的專業及安全水平，讓公眾更了解樹藝，真正達到人樹共融。

　　回望過去，很感激自己當年的任性及熱情，要堅持走一條自己喜歡的路，並不簡單。尤其是進入社會後，身邊很多人與事會慢慢令自己磨滅棱角，質疑當初的選擇，但慶幸自己能堅守初心，即使迷失過後亦有能力反省進步，我會帶着這份初心繼續走往後的路！

# 跟這片土地
# 建立更多聯繫

由薄扶林出發——港大新生代50築夢方程式

## 梁懷思　香港大學社會科學學士
## 　　　　牛津大學難民與強制移民研究理學碩士

聯合國難民署香港辦事處主管 / 難民權益倡議者

　　從小我便很清楚將來要做一份能正面影響社會的職業，入讀港大時亦經常會跟尋求庇護的難民和青年待在一起，到重慶大廈喝茶，分享彼此的人生故事。

　　我自小居無定所，經常在不同城市、文化之間穿梭。那種「無根」的感覺，又或是那種在全球化下尋求身份認同的感覺，令我與難民有着共同語言，使我在難民社群中找到家的感覺。這些經歷讓我有堅定的意志，致力保障那些被迫離開家園的難民的權益。在東非和中東工作後，其中一個我要面對的決定就是：到底要繼續遊歷世界還是回到香港？結果我選擇回港爭取多些時間陪伴家人，與這片土地建立更多聯繫。

　　在強調權力和影響力的傳統領導方式之外，我希望能推廣一種鼓勵合作、強調品德和賦權的領導方式，令大家能齊心合作達成共同目標。我的夢想是看到一個沒有偏見和歧視，認同人類一體性的世界。我最喜歡的其中一句話是這樣說的：「在原則上認可某一理想是一回事，全心全意地擁護此理想是另一回事，而改造社會、使其集體表現出此理想則更加艱難。」因此，要實現我這個夢想，不僅需要改變社會的集體意識，也需要每個人的積極參與。

# 冀港人
# 對紅Van改觀

**李凱翔 香港大學土木及環境工程工學學士；**
**運輸政策與規劃碩士**

小巴公司「AN Bus」創辦人

別人看我在「揸紅Van」，自己看其實是創業。

創業是我由細到大的夢想，但自己不想踏進別人已涉獵的領域，這時想起了紅Van。大部分紅Van受傳統模式限制：路線不清、班次不定甚至要等齊客才開車、只收現金的單一支付模式，都往往令潛在乘客卻步。我開業第一個星期便深深體會到這些問題，生意十分慘淡。

但我是看中紅Van的潛力才決定創業，故決定用不同方法解決乘客的疑惑。例如透過Facebook專頁列出路線的資訊、時間表；設WhatsApp聯絡電話，讓乘客隨時查詢班次和留位；引入其他付款方法以吸引和方便乘客。而更重要的是推廣一種新穎的交通概念，我的公司簡稱叫AN Bus，全稱為德文Auf Nachfrage Bus，意指按需求開出的巴士。我們希望透過紅Van靈活的特質，長遠做到按乘客需求而調節班次、路線及目的地，助街坊以最短時間去到目的地。我們亦想打破紅Van等於「亡命小巴」的固有印象，從細節着手，訓練時教導司機待客有禮、多關懷乘客、駕駛時注意速度，務求讓乘客坐得安全舒適。

我不介意做「爛頭卒」為業界作示範，只想利用科技發揮紅Van潛力，讓港人改觀，令行業再次蓬勃起來。

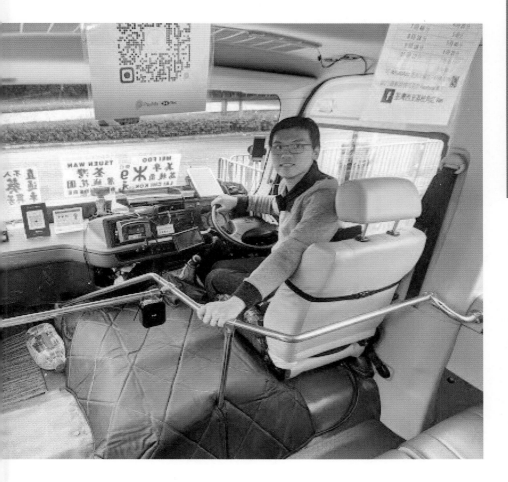

# 創投功成身退
# 才是真正考驗

# 李冠樂 香港大學工商管理學學士（會計及財務）

創投機構「戈壁大灣區」執董

我從港大畢業後，便在四大會計師樓從事企業重組及諮詢工作，接觸的都是陷入財務困難、瀕臨清盤或需要白武士救援的企業，好像擔任「死神」的角色。漸漸發現自己其實對於不同的產品、商業模式的收入和利潤更感興趣，於是忽發奇想，想嘗試站在「天使」一方，幫助具潛力的企業成長，便萌生了投身創業投資的想法。

創業投資是高風險高回報的長線投資，代表投資方和投資組合（初創企業）必須共同經歷經濟周期的高低和重大危機，生意有機會歸零。然而，管理層需要背負許多員工的理想及生計，在不能放棄的情況下，管理層必須以強大的「逆境商數」突破困難，加上把握機會翻身和適時變革，或許可乘風破浪創造企業的高峰。

很多人以為創投猶如買手，其實投後管理，以及如何功成身退才是真正的考驗。我曾經擔任一間投資組合公司的總經理，適逢當時的經營環境動盪，唯有捲起衣袖參與業務的每個環節，也深深反思自己第一份工作的意義：深知市場是殘酷的，成王敗寇，最重要還是走到最後。現時希望參與發展初創生態圈，努力讓自己和「戈壁大灣區」成為各位企業創辦人的可信賴夥伴。

# 因病人啟迪心靈的醫生

**劉仲恒　香港大學內外全科醫學士；**
**　　　　公共衞生碩士；公共行政學碩士**

放射科專科醫生 / 全仁醫務中心創始執行主席

　　我求學時也經歷過迷茫期，決定不了將來想做甚麼。後來有機會到瑪麗醫院做義工，當中最令我印象深刻的是一位名叫「阿一」的末期腎病患者。他讓我了解到醫病不單單是提供治療那麼簡單，與病人的溝通亦十分重要。此後，我漸漸喜歡上以人為本的醫學，並下定決心從醫。

　　為了回饋社會，協助有需要的兒童實現其願望，我十分榮幸能擔任國際願望成真基金（Make-A-Wish International）董事會董事及醫務諮詢委員會主席，並為願望成真基金（香港及澳門）出任榮譽顧問。願望成真基金是一家香港註冊的慈善機構，透過「願望成真」的體驗，為 3 至 17 歲患了重病的兒童帶來快樂，讓他們對人生重燃希望。因為無論他們所許的願望有多遙不可及，願望成真基金都會竭盡所能一一為病童實現。

　　加入基金後，我記憶最深刻的是一名早產的小朋友「明仔」，出生時只有二十多週。儘管我們為明仔實現的願望很簡單，但他臉上流露着最真摯的笑容！其實明仔除了是早產兒，更有嚴重的腸道問題，導致他不能像正常人般進食。令人欣慰的是，明仔心態依然非常樂觀，時刻充滿正

由薄扶林出發——港大新生代50條夢方程式

能量。他令我明白到有時候開心可以很簡單，毋須想得太複雜。

　　香港是我家，我經常會思考應該怎樣做才能為我們家園的未來出一分力。回饋社會是我的義務和責任，希望能夠守護市民切身福祉，盡力去幫助那些沒那麼幸運和需要幫助的人。

# 在學術界尋覓憲政出路

## 陳秀慧　香港大學社會科學學士（政治學與法學）及法學士
##　　　　牛津大學民法學士及哲學博士

香港大學法律學系副教授

　　我從大學本科開始就對憲法感興趣。後來我決定加入學術界，是因為我想找到方法來維持香港獨特的「一國兩制」憲政模式。

　　學術研究其實是一個很殘酷的行業，因為你的工作必須不斷受到同行的評論和批判。我的論文也曾多次被學術期刊拒稿，又或是被要求作大幅修改。面對批判，我選擇謙虛反思自己學術水平的不足，努力改善；亦有幸得到身邊同事的建議和鼓勵，幫助我提高自身學問水平。被人拒絕無疑是痛苦的經歷，但這些痛苦的經歷使我身心都得以成長。

　　為了繼續精進自己，我最近在牛津大學修畢法學博士學位，獲得很多本質上和技術上的重要知識，希望在將來可以繼續為學術界和香港的憲政模式作出貢獻。

# 以使命帶領自己
# 衝出香港

## 白恩庭　香港大學牙醫學士
## 　　　倫敦大學理科碩士

牙齒矯正科專科醫生 / Central Smile 牙科中心創辦人

　　雖然我在香港土生土長，但其實一直在國際學校過着受護蔭的生活。自以為十分瞭解這地方，卻要到在港大讀牙科時才真正感受到這地方的種種。

　　之所以選擇修讀牙科，並不是成績使然，而是一種使命。自從 14 歲時體會到牙齒矯正如何改變我的生活後，便希望能為別人帶來同樣的改變。牙科最深深吸引着我的，是能夠透過科學，親手以專業技藝去改善大眾的外貌和健康。這份動力和興趣不但從沒減退，還持續啟發我去精進自己和這份專業。

　　開設診所後，我仍有很多目標想達成。作為中小企，當然對面前的機遇十分雀躍，但我們同時受制於資金和時間，令拓展新市場的願景看似遙不可及。所以現時最希望得到有心人的投資和指導，好讓我們能打入內地市場。若有專責的政府部門或機構能作出引領，我們必定更有膽色去開拓大灣區市場，把我們引以為傲的優質服務帶到內地。

　　我相信在香港這種擁有創業精神且具衝勁的城市，如果能腳踏實地，保持謙卑，認清自身的缺點，信任自己，無懼地勇往直前，終有一天會得到回報。

# 不甘心的
# 「小人物」議員

## 張欣宇 香港大學工學學士（土木工程）

香港立法會議員／香港及英國特許工程師

有人曾勸我說：「搞政治、構想未來，不是小人物的責任。」但我不甘心。改變不會從天而降，一定要靠自己踏出第一步，be the change！

我在深圳長大，在香港讀書、工作、成家、育兒，不論走到哪裏，都覺得自己就是香港人，以這個身份為榮，並視香港為家。香港給我的實在太多，包括在港大學到的工程知識、專業工程師資格、穩定工作及美滿家庭等等。

過去幾年，香港經歷了不少風波，看到社會撕裂的場面，尤其是當很多人灰心喪志、遠走他鄉，那一刻我覺得沒有理由不站出來為香港這個家做些事。香港調適資源不公的分配機制也早就失效，一個這麼繁榮的國際都市，怎能允許這些由不公造成的不堪情況繼續存在？這實在是一種恥辱！而我們並不是真的沒有資源、土地和人才，可是這麼多年來，我們的社會竟然讓這些問題繼續存在，這真的需要一些改變！

我抱着希望香港變得更好的想法，參選立法會，希望能在議事堂動員輿論、取得市民無法得悉的資訊、直接與主事官員當面對質。在進入議會後的這一年發現能為社會做的事確實很多：在立法會上揭發新界西北大停電事件中後備電源損壞涉疏忽管理；油麻地地鐵站列車脫軌「甩門」事件第一時間現場直擊並發現乘客疏散處理上出現嚴重錯誤；向政府建議興建北環線被納入在 2022 年施政報告內。在未來的日子我也有更多更多的事情要做，也請大家不要放棄，繼續為香港出一分力，共勉之！

# 演活自己的人生

由薄扶林出發——港大新生代50築夢方程式

# 易宇航 香港大學社會科學學士

演員 / 製作人 / 文化共融推廣者

　　我生於德國的醫學世家，父親和祖父都是醫生，家族在慕尼黑經營耳鼻喉醫院，但我覺得醫生這個職業太嚴肅。我性格較自由奔放，也熱愛表演，12 歲開始演舞台劇，對演戲充滿興趣，所以決定跟隨自己的直覺，向成為演員的夢想進發。

　　曾幾何時我也想過放棄當演員，因為初入行時是動作演員和替身，有一定危險性，收入又不穩定。幸好之後想通——自己的初心是演戲，沒有人能預知未來，既然做任何事都有機會失敗和失望，倒不如堅持做自己最喜歡的事，起碼忠於初心。現在也是盡全力做，亦開始涉獵不同範疇，包括配音、寫劇本、做監製、搞學習外語 App。

　　與中國文化結緣，始於一趟乘船到挪威的旅途，看到船上中國乘客玩的紙牌十分有趣，自此學習中國文化和普通話，之後到香港大學讀書，住男生宿舍 U Hall（大學堂），打棍網球，跟本地同學日日練習中文，不用害怕講錯，亦毋須太介懷文法，就算現時自己的口語文法仍不太準確，但最重要是讓別人明白你的意思。

　　香港是一個很有故事的地方，我人生中最重要的十幾年時間都在這個城市。很多德國人其實不了解中國內地和香港，我希望自己能成為兩邊之間的橋樑。我也想結合中西文化，拍攝一些中國香港和德國合作的電影和故事，我深信，在人生與電影的虛實之間，各種光怪陸離與迥然相異的人和事，可增進不同人彼此了解、包容及尊重，對這個時代來說，正是非常重要的事。

# 決志唱作
# 迷失孕育機遇

## 吳倩怡 香港大學社會科學學士（政治學與法學）及法學士

唱作歌手 / 女團 Lolly Talk 成員

　　自小喜愛表演的我，從沒有想過要以音樂作為自己的事業，反而一心想從事媒體行業。雖然在大學讀了法律學位，但雙學位課程令我更肯定自己對社會科學和流行文化的熱情，尤其是本地音樂和媒體文化。因此，我再額外副修媒體與文化研究，希望在學術層面上進一步豐富個人創作。Final year 時更下定決心，孤注一擲，一邊做工讀生，一邊做獨立音樂，希望找到音樂路上的方向，甚至想像自己的作品未來能成為學生進行媒體與文化研究的對象。

　　除了讀書，本地唱作人也深深影響了我。在中學時期，我已開始嘗試作曲填詞並參加各種歌唱比賽，不斷提升音樂方面的技巧和閱歷。讀大學時參加的唱作比賽，跟賽事評判兼音樂創作人周博賢（也是港大法律系師兄）的一番談話，使我進一步確立踏上唱作路的決心。後來出現一個契機，師兄找我為一部關於 311 福島大地震的獨立電影錄了一首日文歌，這亦是我的第一首原唱歌。另一個小確幸是 Lolly Talk 與周國賢的一次合作。因為周國賢是其中一位對我影響很深的本地唱作人，合作期間令我更深切感受到自己是本地樂壇的一員。

　　畢業後，剛好遇上選秀節目《全民造星 IV》，雖然在早輪已落選，但這段經歷讓我受益匪淺，更令我有幸遇上 Lolly Talk 的其他成員，將我帶到各個大舞台，跟不同的前輩合作交流音樂，接觸更多聽眾，得以不斷成長。

　　儘管偶爾感到沮喪，我總會提醒自己，無論是創作抑或人生都不要害怕迷失，因為迷失時看到的光會讓你找到新方向。朝着那光芒走吧，終會找到新的樂土。

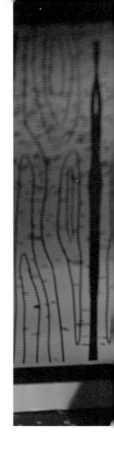

# 等着
# 你接棒

流行文化一直是香港人的共同語言。

2023 年 4 月，歌神許冠傑的「此時此處演唱會」在紅磡體育館開鑼。他在香港大學唸心理學，1971 年畢業，因為醉心彈吉他唱歌打 band 演戲，竟以鬼馬的半斤八兩最佳拍檔情懷，開創了 Cantopop 幾代輝煌。《浪子心聲》、《阿郎戀曲》、《滄海一聲笑》以至《沉默是金》，道盡了半世紀風浪跌宕——個人的和香港大眾的。

這晚做嘉賓的唱作人梁嘉茵 Serrini 說：「我呀爸好鍾意唱你啲歌，《點解要擺酒》、《咪當我老襯》、《錢會繼續嚟》，爸爸成日話好似我啲歌名。因為有阿 Sam 依個先河，所以唔覺得我啲歌名古怪。其實香港大學有一個課程，每次頭幾堂都係講 Sam 嘅作品，你係我哋好重要

嘅 legacy！」

一個月後，香港大學「香港研究」課程慶祝開辦十周年，搞了個論壇，邀請以研究香港文化取得該課程博士學位的 Serrini。十年間調教出這麼一個博士生、艷光四射的唱作人，正好向香港文化交了一份璀璨豐盛的功課。

整個香港，等着你接棒。

港大的校園是開放的；位於港大校園中心的本部大樓和陸佑堂，在香港的古蹟名冊上林林有名；港大有許多講座論壇，以至音樂會，都是公開的。

你我，要從薄扶林出發，都很容易。

由薄扶林出發——港大新生代50築夢方程式

鄧日朗、徐詠璇 編著

| | |
|---|---|
| 策　　劃 | 陳伊敏、戴鈞濠 |
| 編採團隊 | 陳伊敏、張振華、陳成軍、葉坤杰 |
| 封面設計 | 許玄駿 |
| 製　　作 | 香港大學發展及校友事務部 |

| | |
|---|---|
| 責任編輯 | 梁嘉俊 |
| 裝幀設計 | 黃梓茵 |
| 排　　版 | 黃梓茵 |
| 印　　務 | 劉漢舉 |

出　　版　　非凡出版
香港北角英皇道 499 號北角工業大廈一樓 B
電話：（852）2137 2338
傳真：（852）2713 8202
電子郵件：info@chunghwabook.com.hk
網址：http://www.chunghwabook.com.hk

發　　行　　香港聯合書刊物流有限公司
香港新界荃灣德士古道 220-248 號荃灣工業中心 16 樓
電話：（852）2150 2100
傳真：（852）2407 3062
電子郵件：info@suplogistics.com.hk

印　　刷　　美雅印刷製本有限公司
香港觀塘榮業街六號海濱工業大廈四樓 A 室

版　　次　　2023 年 7 月初版
©2023 非凡出版

規　　格　　16 開（210mm x 150mm）

ISBN　　978-988-8860-01-2

鳴謝
香港大學發展及校友事務部、傳訊及公共事務處及
香港大學運動中心提供部分圖片
各位受訪者提供圖片
健能文化產業有限公司提供許冠傑演唱會圖片